ZERO
ECONOMY

제로 이코노미

모든 것이 제로를 향하는 한국 경제의 위기와 기회

ZERO ECONOMY

조영무 지음

 쌤앤파커스

차례

1부　'제로 이코노미'로의 이행을 앞당긴 '코로나19' ——

2부 현실화되는 우리 경제의 어두운 미래, '제로 이코노미' ———

'제로 이코노미'를
향해 가는 우리 경제

　0명대 출산율, 0%대 경제성장률, 0%대 물가 상승률, 0%대 금리…. 어떤 나라가 생각나는가? 많은 사람이 '일본'을 떠올릴 것이다. 그동안 '일본화Japanification'는 우리 경제가 반드시 피해야 할 '절망적인 상황'으로 언급되어왔다. 정말 그럴까? 만약 우리 경제가 일본 정도만 되어도 다행이라면?

　우리 경제도 점점 '제로'로 시작하는 경제지표들이 늘고 있다. 하지만 우리는 일본과 다르다. 우선 원화는 엔화 같은 국제통화가 아니다. 국제금융시장이 혼란스러워지면 원화 가치는 급락하지만 엔화는 안전자산 대접을 받으며 도리어 가치가 오른다. 우리는 일본만큼 해외에 막대한 부를 쌓아두지도 못했다.

일본은 무역수지가 적자가 되더라도 해외에 축적해둔 막대한 자산으로부터 들어오는 수입 덕분에 큰 문제가 발생하지 않지만, 우리는 여전히 무역수지 흑자 유지가 중요하다. 우리나라의 출산율 하락 속도와 고령화 진행 속도는 이미 일본을 넘어 세계 최고 수준이다.

그렇다면 최근 우리 경제에서 나타나고 있는 제로 출산율, 제로 물가, 제로 금리와 같은 현상들을 '일본화'라고 부르는 것은 적절치 않다. 이 책에서는 선진국에 아직 도달하지 못한 상황에서 이러한 특징들을 나타내는 경제를 '제로 이코노미^{zero} ^{economy}'라고 부르고자 한다.

'제로 이코노미'는 '매우 어둡고 혼란스러운 상황'이 될 것이다. 인구가 줄면서 소비는 위축되고 경제는 쪼그라든다. 매출이 늘어날 것이란 기대가 사라진 기업들은 투자와 고용을 늘리지 못한다. 초저금리 하에 예금으로는 돈 불리기가 어려워지면서, 많이 풀린 돈이 쏠리는 부동산, 주식 등 자산가격은 오른다. 재테크와 노후대비에 대한 조바심 때문에, 휩쓸리듯이 혹은 등 떠밀리듯이 '고위험 - 고수익' 투자가 급증한다. 성장이 정체된 시장을 놓고 벌어지는 기업과 자영업자들의 생존 경쟁은 더욱 치열해진다.

지금 겪고 있는 코로나19는 '제로 이코노미로의 이행을 더욱 가속화'시킬 것이다. 폭증한 기업과 가계의 부채는 향후 빚

갚는 부담을 늘려 투자와 소비가 늘어나는 것을 어렵게 할 것이다. 급격히 악화된 재정 건전성과 정부부채 때문에 수년 내에 우리나라 국가신용등급이 강등될 가능성이 높다. 급증하는 좀비기업들은 경제 역동성과 경제성장률을 떨어뜨릴 것이다. 저소득층에 집중되는 고용충격으로 소득 양극화가 심화되면서 사회적, 정치적 불안정성이 커질 수 있다. 취업 기회를 잃어버린 청년층이 '코로나 세대'로 남게 되면, 그 악영향은 평생 지속되고 부모 세대를 포함한 가족 전체의 빈곤화를 초래할 수 있다.

이 책은 크게 3부로 구성되어 있다. 1부에서는 제로 이코노미로의 이행을 가속화시키는 '코로나19의 경제적 충격과 영향'에 대해 이야기한다. 2부에서는 우리 경제에서 이미 나타나기 시작한 '제로 이노코미의 모습과 특징'에 대해, 3부에서는 다가오는 어두운 미래를 피하기 위해 찾아야 할 '우리 경제의 활로'와 가계, 기업, 정부 각각의 '대응전략'에 대해 이야기한다.

특히 다루는 모든 이슈들에 대해 해당 꼭지의 후반에 '대응 포인트'들을 별도로 제시했다. 이 책을 펼쳐 든 독자들은 현재에 대한 분석과 미래에 대한 전망에도 관심이 있겠지만, 결국 '그래서 무엇을 어떻게 해야 하나'라는 점을 가장 궁금해할 것이라고 생각했기 때문이다. '대차대조표 불황'과 함께 '커다란 빚잔치'에 대비하라, 2024년 '소비 협곡'이 우리 경제의 '보릿고개'가 될 수 있다, 노후대비를 '자산소득'이 아니라 '근로소득' 중심으로 바꿔라, 향후 통화정책은 재정정책과 보다 긴밀하게 결합되어야 한다 등의 내용들이 실질적인 도움이 되기를 바란다.

주식, 부동산, 금, 달러 등에 대하여 구체적 투자방법까지 알려주는 재테크 서적과 정보들은 이미 차고 넘친다. 그런 상황에서 '경제의 커다란 흐름과 변화에 관한 이야기'는 과연 어떤 도움을 줄 수 있을까? 주식투자의 대가인 워런 버핏조차도 "5% 성장하는 경제에서 기업이익이 12% 증가하는 것은 지속되기 어렵다."고 이야기했다. 성장이 정체된 경제에서는 기업의 매출이 크게 늘기도, 개인의 소득이 지속적으로 늘기도 어렵다. 크게 보고 멀리 보려면 경제의 장기적인 추세와 거시경제 지표들의 움직임에 관심을 가져야 한다.

물론 주식투자와 주택 구입 등 재테크에 있어서 기업 실적, 주가 추이, 주택가격 상승률 등은 중요하다. 그러나 이들은 결국 과거 데이터, 과거 이야기다. 과거의 자료와 숫자만을 보고 투자하는 것은 마치 '백미러만 보고 운전하는 것'과 유사하다. 미래에 대하여 투자하고 있다면 내 앞에 무엇이 있는가를 앞 유리창을 통해 보면서 운전해야 한다. 미래에 대한 관심과 인사이트는 투자, 진학, 취업 등 개인 차원의 중요 의사결정뿐만 아니라 사업 운영, 기업 경영, 국가 정책 결정에 있어서도 반드시 필요하다.

원하건 원치 않건, 받아들여야 하는 사실들이 있다. 가계, 기업, 정부 등 누가 되었든, 코로나 상황에서 불가피하게 빌렸더라도, 빌린 돈은 결국 갚아야 한다. 세상에 공짜는 없다. 단지 '내가 갚느냐, 내 후손들이 갚느냐'의 문제일 뿐이다.

현재로서는 가능성이 희박하지만 코로나19가 완전히 종식되더라도, 우리는 코로나19 이전으로 돌아갈 수 없다. 경제활동의 단절로 인한 손실은 언젠가는 만회되고 이전의 경제활동 수준을 회복하겠지만, 생산하고 소비하는 방식, 우리가 사는 방식은 크게 달라질 것이다. 그 과정에서 경제 성장세는 한 단계 낮아지고 양극화와 차별화는 심화될 가능성이 높다. 역설적이게도 이러한 변화는 누군가에게는 '전례 없는 위기'가 되겠지만 다른 누군가에게는 '커다란 기회'가 될 것이다.

부디 우리 경제가 '제로 이코노미'가 되지 않기를 간절히 소망한다. 그러나 지난 20년 동안 국내외 경제와 금융시장을 지켜보고 분석해온 매크로 이코노미스트^{macro economist}로서, 간과하기 어려운 이상 징후들이 계속해서 늘어나고 있다. 그리고 코로나19는 그 변화의 속도와 강도를 더욱 키우고 있다. 이 책이 단순히 '제로 이코노미'에 대한 불안과 공포심을 키우는 것이 아니라, 경계심을 바탕으로 '제로 이코노미'를 피해가거나 '제로 이코노미'에서 생존하는 데 조금이나마 기여하기를 희망한다. 그것이 바로 이 책을 쓴 이유이기 때문이다.

1부

ZERO

'제로 이코노미'로의 이행을 앞당긴 '코로나19'

ECONOMY

코로나19 이전부터 이미 우리 경제는 '제로 이코노미'에 가까워지고 있었다.

출산율은 계속 떨어지고 경제성장률은 하락세였다.

물가 상승률과 금리도 0%를 향해 낮아지는 추세였다.

그러던 와중에 코로나19라는 '팬데믹pandemic'이 터졌다.

인류가 지난 100년 동안 경험해보지 못한 '질병으로 인한 전 세계적 경제위기'가 닥쳤다.

코로나19는 우리 경제의 제로 이코노미로의 이행을 가속화시킬 것이다.

출산율, 경제성장률, 물가 상승률, 금리가 제로에 근접하는 시기를 앞당기고

그러한 상황에서 벗어나기 더욱 어렵게 만들 것이다.

위기 상황에서 살아남기 위해 가계, 기업, 정부가 빚을 엄청나게 늘린 후폭풍이 불가피하다.

위기를 겪으며 좀비기업이 급증할 것이다.

저소득층, 청년층에 집중되고 있는 경제충격은 경제에 지속적으로 악영향을 미칠 것이다.

결국, 코로나19는 제로 이코노미의 '촉매제'가 될 것이다.

1

기업과 가계의 부채 폭증

일본식 '대차대조표 불황'이 온다

- 코로나19 경제충격으로 '당장 망하지 않고 버티기 위한 대출'이 통계 작성 이래 가장 빠른 속도로 늘고 있다.

- 정책당국은 실물경제충격이 금융충격으로 번지지 않도록 하려고 기업과 가계에 대규모로 돈을 주입하고 있지만 그 대부분은 '빚'으로 남을 것이다.

- 급증한 부채를 갚으려고 기업은 투자를 줄이고 가계는 소비를 줄일수록, 과거 일본의 '대차대조표 불황'과 유사한 장기침체 발생 가능성이 높아진다.

"마스크 사는 줄 서기도 중요하지만, 우리는 이 줄 서기가 더 절박해요. 코로나도 코로나지만, 당장 먹고 살아야죠." 코로나19 피해 소상공인에 대한 경영안정자금 직접대출 접수가 시작된 25일, 전국 소상공인센터 창구는 이른 아침부터 긴급 대출을 받으려는 소상공인들로 장사진을 이뤘다. (중략) 소상공인진흥공단 대구북부센터에는 이날 오전 8시께 이미 1,000여 명이 몰려 센터 건물 밖까지 사람들이 300m가량 길게 늘어섰다.[*]

많은 기업, 자영업자, 가계들이 엄청나게 불어난 빚에 직면하게 될 것이다. 코로나19로 매출이 끊겨도 임대료와 인건비는 계속 지급해야 한다. 지급의 포기는 폐업이나 도산을 의미한다. 일자리를 잃거나 소득이 줄어도 생활비는 계속 나간다. 모아둔 저축만으로 버티기에는 코로나19는 쉽사리 종식되지 않고 있다. 결국, 부족한 부분은 빌려서 메울 수밖에 없다.

코로나19 초기에는 빚이 이렇게까지 늘어나리라 예상하지 못했을 것이다. 만약 늘어날 빚의 규모를 미리 알 수 있었다면 많은 이들의 선택은 달랐을지 모른다. 감당하기 어려운 수준까지 빚을 늘리기보다는 차라리 조기에 가게를 정리하거나 사업을 접는 것이 나았을 수도 있다. 그러나 돈을 빌릴 때는 코로나

• 2020년 3월 25일, 〈연합뉴스〉 기사

19가 얼마나 이어질지 알 수 없었다. 빚을 내서라도 일단 '보릿고개를 넘기며 버티는 것'이 더 합리적인 선택이었을 것이다.

'한 번도 경험해보지 못한' 빚 증가 속도

코로나19로 인한 부채 증가 속도는 관련 통계 작성 이래 가장 빠르다. 코로나 초기이던 2020년 4월 한 달 동안에만 국내 은행의 개인사업자 및 기업 대출액은 27조 9,000억 원이나 증가했다. 통계가 집계되기 시작한 이후 월별 증가액으로는 사상 최대였다. 1년 전 같은 달 증가액 6조 6,000억 원의 4배가 넘었다. 2020년 9월 말 966조 원으로 늘어난 은행의 기업대출 잔액은 2021년에는 1,000조 원을 넘을 전망이다.

늘어나는 빚에는 빌리는 자의 어려움이 묻어난다. 수입이 크게 줄어들수록, 지출을 줄이기 어려울수록 빌려야 하는 돈은 많아지기 때문이다. 감염에 대한 공포와 사회적 거리 두기 정책 시행으로 사람들이 외출, 외식, 쇼핑, 여행 등을 안 하면서 서비스업이 큰 타격을 입었다. 그 결과 도소매업, 음식숙박업 등 서비스업 대출은 2020년 1분기와 2분기에 각각 34조 원과 47조 2,000억 원이나 늘었다. 전년 동기 대비 증가율은 13%와 17.1%에 달했다.

2020년 2분기부터는 서비스업뿐만 아니라 제조업의 대출도 급격히 늘었다. 미국, 유럽 등 주요 수출 상대국들이 우리보다 늦게 코로나로 어려움을 겪으면서 수출 제조업의 상황이 악화되었기 때문이다. 2019년 2분기 1조 9,000억 원에 불과했던 제조업 대출 증가액은 2020년 2분기 17조 2,000억 원에 달했다.

급증하고 있는 대출들은 '미래를 위해 투자하기 위한 대출'이 아니라 주로 '당장 망하지 않고 버티기 위한 대출'이다. 기업들이 공장을 짓거나 설비를 늘리기 위해 빌리는 시설자금 대출은 2020년 2분기에 전년 동기 대비 9.7% 증가했다. 반면, 매출이 줄거나 자금조달이 어려워지면 늘어나는 운전자금 대출은 17.5%나 증가했다. 통상적으로 시설자금 대출과 운전자금 대출 증가율은 엇비슷한 수준이었다. 그만큼 코로나19 이후 자금사정이 악화된 자영업자와 기업들이 많아졌음을 반영한다.

게다가 가계부채도 급증했다. 2019년 말 888조 원이던 국내은행의 가계대출 잔액은 2020년 9월 말 958조 원으로 늘어났다. 2018년과 2019년 모두 1년 동안 60조 원 남짓 늘어났던 가계대출이 2020년에는 9개월 만에 70조 원이나 늘어난 것이다. 물론 가계부채 증가 속도가 빨라진 데에는 부동산 가격 상승으로 인한 주택 관련 대출 수요 증가, 개인들의 주식투자 증가 등도 영향을 미친 것으로 보인다. 하지만 코로나19로 인해 실업이 늘고 소득이 줄어든 것도 크게 영향을 미쳤음은 분명하다.

안 빌려주면 '실물경제위기'가 '금융위기' 된다

상황이 어려워지고 자금사정이 악화된 기업과 자영업자들에 대한 대출이 급증하고 있다. 사실 금융이라는 측면에서 보면 매우 '이상한 현상'이다. 빌리는 쪽에서야 자금이 떨어져가는 가운데 없으면 안 되는 '긴요한 대출'이다. 하지만 빌려주는 쪽에서는 돈을 떼일 가능성이 점점 높아지는 곳에 빌려주는 '위험한 대출'이다. 경기가 안 좋아지고 채무자가 돈을 못 갚을 위험성이 높아지면 개별 금융기관으로서는 되도록 돈을 안 빌려주고 조심하는 것이 '합리적인 선택'이다. 리스크 관리 관점에서 보면 금융기관들은 대출을 늘리기보다 도리어 대출심사를 강화해야 할 때인 셈이다. 그래서 코로나19와 같은 경제충격 상황에서 돈을 빌려주는 금융기관들에게만 맡겨놓으면 대출은 도리어 위축될 수 있다.

만약 상황이 어려워지는 어떤 기업에 대해 한 은행이 다른 은행들보다 선제적으로 대출을 거절하면 그 은행은 대출이 부실화될 리스크를 줄이고 자본건전성을 유지할 수 있다. 그러나 다른 모든 은행들도 비슷하게 생각해서 이 기업에 대한 대출을 거절한다면 아마도 이 기업은 실제로 도산하게 될 가능성이 매우 높아진다. 특히 코로나19와 같은 광범위한 경제충격 상황에서는 매우 많은 기업들이 동시에 이러한 위험에 빠질 수 있다.

망하는 기업이 나오는 것은 아닌지 모두가 긴장하며 지켜보고 있는 상황에서 실제로 도산하는 기업이 나오기 시작하면 금융기관들은 더 움츠러든다. 신규 대출을 자제하는 것을 넘어 기존 대출을 회수하려는 움직임으로까지 이어질 수 있다. 이렇게 되면 직접적으로 코로나19의 악영향을 받지 않던 기업들까지도 갑자기 자금사정이 악화된다. 코로나19로 인해 기업의 매출, 투자, 고용이 줄고 가계의 소비가 위축되는 '실물경제위기'가 대출 회수, 도산 및 폐업 증가, 부실채권 증가로 금융시스템이 흔들리는 '금융위기'로 전이되는 과정이다.

결국 코로나19는 개별 금융기관들의 대출 거절 또는 대출 회수가 집단적으로 확산될 경우 금융시스템 또는 경제 전체가 위기에 처할 수 있는 상황이다. '나 혼자 살려고 하면 모두가 죽을 수 있는 상황'인 셈이다. 이익을 극대화하고 손실을 최소화하려는 개별 금융기관 차원의 '부분 최적화'가 금융시장, 나아가 국가 경제 차원의 '전체 최적화'가 아닐 수 있다. 커다란 시스템의 각 부분들로서는 최선이었던 결정들이 모였을 때, 막상 시스템 전체로서는 최선의 결정이 아닐 수 있다. 기업에서 개별 부서의 자기 부서 성과 극대화를 위한 선택이 회사 전체의 성과 극대화를 위한 선택과 일치하지 않는 상황이 그와 비슷한 예가 될 수 있다.

금융지원은 결국 '빚'으로 남는다

이런 이유에서 코로나19 이후 미국, 유럽, 중국 등 많은 국가들이 매출이 끊기고 자금난에 빠진 자국 기업과 자영업자들을 살리기 위한 다양한 금융지원책들을 시행했다. 금융시장에만 맡겨두면 돈이 흘러 들어가지 않을 많은 기업과 자영업자들에게 자금을 수혈해야 했기 때문이다. 코로나로 인한 경제적 충격을 완화하고 실물경제위기가 금융위기로 전이되는 것을 막으려면 어쩔 수 없었다.

2020년 4월 미국 재무부와 연방준비제도(이하 미 연준)가 마련한 금융안정 대책의 규모는 2조 3,000억 달러(약 2,800조 원)에 달했다. 코로나로 신용등급이 떨어진 투기등급 회사채까지 사주기로 하면서 금융시장을 놀라게 했다. 비슷한 시기에 유럽연합도 5,400억 유로(약 720조 원) 규모의 금융지원책을 발표했다. 코로나19로 타격을 입은 회원국과 유럽 기업에 저리(낮은 금리)로 돈을 빌려주겠다고 했다.

우리 정부 역시 상황이 어려워진 기업과 소상공인을 돕기 위한 대규모 금융지원책을 잇달아 내놓았다. 2020년 상반기까지 발표된 금융지원책의 전체 규모는 175조 원이 넘는다. 정부의 재정 투입 하에 이루어지는 지원 80조 1,000억 원, 재정 투입 없이 금융권 등이 자체적으로 하는 지원 53조 원, 기간산업 안정기금을 통한 지원 40조 원 등이었다.

그런데 여기서 정확히 알아야 할 부분이 있다. 이 금융지원 책들은 자금난에 빠진 기업과 소상공인들이 낮은 금리로 돈을 구할 수 있게 해줌으로써 일정 기간 버틸 수 있도록 돕는다. 하지만 기본적으로 돈을 그냥 주는 것이 아니라 '빌려주는 것'이다. 정부는 산업은행, 기업은행, 수출입은행, 신용보증기금 등 공적 금융기관에 출자 또는 출연을 한다. 이 돈을 바탕으로 공적 금융기관들은 직접 돈을 빌려주거나 또는 보증을 해줘서 다른 금융기관에서 돈을 빌릴 수 있게 해준다. 하지만 결국은 빚이 늘어난다. 채권시장 안정펀드, 회사채 신속인수제도, 프라이머리 채권담보부증권^{CBO}, 비우량 회사채·기업어음^{CP} 매입을 위한 특수목적기구(자세한 설명은 36쪽 참고) 등 기업에 자금을 공급하기 위한 다양한 방식들이 활용되었지만, 역시 빚이다. 이는 정부의 계획대로 이러한 금융지원책들이 실행되더라도 살아남은 기업과 소상공인들의 부채는 급증할 것임을 의미한다.

빚을 갚으려면 소비와 투자를 줄여야 한다

단기간에 급격히 늘어난 부채는 경제를 불안정하게 만들거나 위기에 빠뜨릴 수 있다. 기업부채 급증으로 인해 경제가 위기에 빠진 대표적인 사례는 1990년대 후반 우리나라의 IMF 외환위기다. IMF 외환위기 직전 우리나라 기업들은 과잉투자로 투자수익률이 하락하는데도 불구하고 차입을 통한 외형확장 경쟁에만 몰두했다. 그 결과, 1997년 말에는 GDP 대비 기업부채 비율이 170%에 달할 정도로 국내 기업들의 재무 구조가 취약해졌다. 미국, 독일, 일본의 GDP 대비 기업부채 비율이 각각 80%, 60%, 100% 정도임을 감안하면 당시 우리나라 경제 규모 대비 국내 기업들의 부채가 얼마나 많았는지 알 수 있다.

특히 당시 많은 기업들은 은행 대출에 비해 빌리기 쉽다는 이유로 종합금융회사(이하 종금사) 등 비은행권에서 많은 돈을 빌렸다. 은행과 달리 예금을 받을 수 없는 비은행권은 해외에서 금리가 싼 단기외채를 빌려다가 여기에 가산금리를 더해 국내 기업에 빌려주는 '위험한 돈장사'에 치중했다. 그러던 중에 미국의 금리 인상, 동남아 국가들의 금융 불안 등으로 국제 자금시장 상황이 악화되었다. 단기외채에 의존하던 비은행권은 자금난에 빠졌고 그 충격은 순식간에 기업들로 전이되었다. 결국 한보, 진로, 쌍방울, 기아 등 대기업들이 연쇄적으로 도산 위기에 몰리면서 한국 경제 전체의 외환위기로 번졌다.

한편, 가계부채 급증으로 인해 경제가 위기에 빠진 대표적인 사례는 2000년대 후반 글로벌 금융위기다. 2000년대 초반 미국에서는 느슨한 대출심사 아래 미국 가계의 주택담보대출(미국식 표현으로 모기지론mortgage loan)이 급증했다. 적정한 주택가치보다 과대평가되었던 주택담보평가액에 기반하여, 금융기관들은 마구잡이식으로 주택담보대출을 해주었다. 미국 가계는 빌린 돈으로 소비를 늘렸다. 동시에 대출 금융기관들은 이렇게 급증한 주택담보대출에서 생기는, 장차 가계로부터 이자와 원금을 받을 권리를 채권(자산유동화증권)*으로 만들어 금융시장에서 팔았다. 글로벌 금융기관들과 펀드들은 이러한 채권에 거액을 투자했다.

그러나 2000년대 중반부터 미 연준이 정책금리를 인상하면서 대출금리가 올라가고 주택가격 상승세가 멈추었다. 그러자 신용도가 낮은 대출자들이 빌렸던 질 낮은 주택담보대출(미국식 표현으로 서브프라임 모기지subprime mortgage loan)을 시작으로 연체율이 급등하면서 금융위기가 시작되었다. 미국의 서브프라임 모기지 위기는 자산유동화증권의 가격 폭락, 그리고 여기에 많은 돈을 투자했던 글로벌 금융기관과 펀드들의 유동성 위기를 거쳐 글로벌 금융위기로 확산되었다.

원인은 다르지만 이번에도 단기간에 기업과 가계의 부채가 급증했다. 기업과 가계의 빚이 동시에 폭증했고 그 증가 속도는 전례가 없을 정도로 빨랐다. 코로나19로 인해 폭증한 기업과 가

• 자산유동화증권(Asset-Backed Securities, ABS): 자산을 근거로 발행하는 증권. 1998년 9월 '자산 유동화에 관한 법률'이 만들어지면서 '자산담보부증권'이라고 쓰던 말에서 변경된 것이다.

계의 부채가 향후 우리 경제에 악영향을 미친다면 그 형태는 앞서 설명한 '평 하고 터지는' 식의 금융위기보다 '지속적인 경기불황'일 가능성이 높다. 바로 1990년대 버블 붕괴 이후 오랫동안 저성장에서 벗어나지 못하고 있는 일본 경제가 경험한 '대차대조표 불황'이다.

대차대조표는 특정 경제 주체의 자산과 부채 상황을 표시하는 재무제표다. 대차대조표 불황이란 갑자기 자산이 줄거나 부채가 늘어났을 경우, 악화된 재무상태를 개선하기 위해 해당 경제 주체가 돈을 제대로 쓰지 못하면서 생기는 경제 불황을 말한다. 코로나19로 부채가 폭증한 기업과 가계는 자산에 비해 너무 커져버린 부채를 줄이기 위해 향후 상당 기간 투자와 소비를 늘리지 못하고 빚을 갚는 데 많은 돈을 써야 할 것이다.

이러한 기업의 투자 및 가계의 소비 부진은 경기 위축을 초래한다. 경기 위축으로 기업의 매출 및 가계의 소득이 줄면 기업과 가계의 재무상태는 더욱 악화된다. 이러한 악순환이 현실화된다면 우리 경제는 일본이 겪었던 장기불황에 빠지거나 성장 잠재력이 지속적으로 하락할 수 있다.

'커다란 빚잔치'를
예상해야 한다

예상보다 '많은 돈'을 '오랫동안' 빌리거나 빌려줘야 할 수 있다.

▶ 코로나19는 장기화, 만성화될 가능성이 높다. 잠깐 돈을 빌리거나 빌려준다고 생각하고 의사결정을 내리는 것은 위험하다.

▶ '급전'을 '고리'에 빌리는 것이 가장 위험하다. '급한 상황'이 매우 길어질 수 있음을 고려해야 한다.

지금 어렵더라도 나중에 갚아야 하는 상황을 생각하며 빚을 늘려야 한다.

▶ 코로나가 끝나도 살아남기 위해 빌렸던 부채는 그대로 남는다. 빚을 갚는 시기를 미룰 수는 있어도 이미 빌린 부채는 '빚잔치' 없이는 사라지지 않는다.

▶ 코로나 극복을 위한 정부 지원의 대부분은 돈을 '주는 것'이 아니라 '빌려주는 것'이다.

▶ '돈을 빌리며 버티는 대안'과 '지금 정리하는 대안'을 매 순간 비교하며 의사결정을 내려야 한다.

대출금리가 더 중요해진다. 대출조건을 챙겨야 한다.

▶ 돈을 오래 빌려 써야 한다면 당연히 금리에 신경 써야 한다. 부채 규모가 커질수록 대출금리 차이가 이자 지급액에 미치는 영향도 커진다.

▶ 대출 만기, 대출 기준금리, 이자 납부 주기, 중도상환 수수료 등 대출조건들을 챙겨야 한다. 할 수 있다면 여러 금융기관들과 대출상품들의 대출조건을 꼼꼼히 비교해서 가장 유리한 조건으로 돈을 빌리는 '대출 쇼핑'이 필요하다.

변동금리 대출을 이용하고 있다면 한국은행의 금리 조정, 시중 금리 움직임 등에 관심을 가져야 한다.

▶ 거액을 변동금리 조건으로 빌려 쓰고 있으면서도 자신의 대출 기준금리가 양도성예금증서CD 금리인지, 코픽스COFIX 금리(COFIX, Cost of Funds Index의 약자로 은행연합회가 산출하는 자금조달비용지수)인지 확인조차 안 하는 사람들도 많다.

▶ 의외로 이 두 금리는 다르게 움직인다. 양도성예금증서 금리는 과거 전반적인 시중금리가 내려갈 때 안 움직였던 경우가 많다. 코픽스 금리는 한국은행이 기준금리를 인하해도 내려가는 데에 시차가 존재한다.

고정금리 대출을 이용하고 있다면 고정금리 지속기간, 변동금리 전환 여부 등을 확인해야 한다.

▶ 한 번 고정금리가 영원한 고정금리가 아닌 경우도 많다. 일정 기간이 지나고 나면 고정금리가 변동금리로 바뀌는 '혼합형' 대출상품인 경우가 많기 때문이다. 대출조건을 꼼꼼히 확인해야 나도 모르게 대출금리가 올라 있는 낭패를 피할 수 있다.

▶ 과거 금리가 추세적으로 오르던 시기에는 고정금리 대출금리가 변동금리 대출금리보다 높은 것이 일반적이었다. 그러나 금리가 내리는 시기가 길어지면서 변동금리 대출보다 금리가 낮은 고정금리 대출상품도 나타나고 있다.

나의 '가산금리'와 '우대금리'를 관리하라.

▶ 내 이자 지급액을 결정하는 대출금리는 대출 기준금리에 가산금리를 더하고 우대금리를 차감해 산정된다.

▶ 신용도를 관리하고 신용등급과 신용점수를 높이면 가산금리가 낮아져 대출금리도 내려간다.

▶ 신용도를 갑자기 높이기는 어렵기 때문에 가산금리는 단기적으로 조절하기 힘들다. 하지만 우대금리를 적용받아 대출금리를 낮추는 것은 그렇게 어렵지 않다. 대출받은 은행의 계좌로 급여를 받거나, 해당 은행의 신용카드를 일정 금액 이상 사용하거나, 해당 은행의 계좌에 공과금 이체를 걸어두는 것 등 몇 가지 부수 거래조건을 충족하면 생각보다 대출금리가 많이 낮아진다. 일반적으로 충족했을 때 우대금리를 가장 크게 적용받는 항목은 급여통장이다.

▶ 시중금리가 낮아질수록 우대금리의 상대적 중요성이 커진다. 대출금리가 6%일 때보다 3%일 때에 0.5%p 우대금리가 가지는 의미는 다르다.

향후 '커다란 빚잔치'를 예상해야 한다. 이는 위기일 수 있지만 기회일 수도 있다.

▶ 기업과 가계의 빚이 크게 늘어난 가운데 코로나19가 장기화되거나 경기 부진이 지속되면 '커다란 빚잔치'가 벌어질 가능성이 높아진다. 빚잔치는 결국 한계기업 및 취약가구를 대상으로 한 대규모 채무조정 또는 부채탕감, 기업 구조조정 또는 개인회생 및 개인파산 등의 형태가 될 것이다.

▶ 과거의 경험에 의하면 그 과정에서 빌려주거나 투자했던 돈을 제대로 돌려받지 못한 많은 금융기관과 투자자들이 대규모 손실을 입었다. 하지만 동시에 가격이 급락한 부실기업과 부실채권을 대상으로 한 많은 투자기회가 발생했다.

'빚잔치'를 할 수밖에 없다면 제대로 해야 한다.

▶ 국민행복기금, 안심전환대출, 저신용자 부채탕감 등 '정부 주도의 커다란 빚잔치'는 대략 2년 주기로 발생했다.

▶ '빚잔치'가 어떻게 이루어지는가에 따라서 한계기업과 취약가구가 빚 부담을 덜고 새 출발을 하는 계기가 될 수도 있다. 하지만 근본적인 체질 개선이 없다면 직접적으로는 금융기관 및 투자자들이, 간접적으로는 투입되는 정책자금의 재원인 세금을 낸 국민들이 부채탕감의 부담을 나누어 지는 '선심성 이벤트'에 그칠 수도 있다.

▶ 부채상환 능력과 의지에 따라 채무자를 선별하는 것이 가장 먼저 선행되어야 한다. 부채상환 능력도 있고 의지도 있는 이들에게는 갚을 수 있는 정도로 채무를 재조정해주는 것도 필요하지만 소득 창출 기회를 마련해주는 것이 반드시 필요하다. 이들에게는 고용 대책이 최선의 부채 대책일 수 있다.

▶ 부채상환 능력이 없는 이들의 부채는 개인회생, 개인파산 등 법적 절차로 처리하면서 부채상환 능력에 대한 충분한 검증 없이 돈을 빌려주었던 이들이 일정 부분 손실을 분담하도록 해야 한다. 부채상환 능력이 없는 이들에게 서민금융지원책이라는 명목으로 단순히 대출 한도를 늘려주거나 대출금리를 낮춰주는 것은 문제해결을 뒤로 미루거나 상황을 더욱 악화시키는 것이다. 복지로 풀어야 할 문제를 금융으로 접근하는 것일 수 있다.

▶ 부채상환 의지가 없는 이들의 채무를 줄여주거나 탕감해주는 것은 도덕적 해이를 유발할 우려가 크다. 연체금액이 크지 않고 오랫동안 못 갚았다는 이유만으로 빚을 줄여주는 것은 쉽지만 매우 위험한 해결책이다.

돈을 빌려간 기업과 가계의 상황을 예의주시해야 한다.
▶ 주요 기업들의 실적, 재무상태, 수출 증가율, 자금조달 금리, 소비 증가율, 폐업률, 부도율, 연체율, 실업률, 취업자 증가수, 가계소득 증가율 등을 모니터링해야 한다. 빚잔치, 금융기관 신용등급 하락, 신용위기 등의 발생을 미리 알 수 있다.

돈을 빌려준 금융기관들의 신용등급이 낮아지면 긴장해야 한다.
▶ 경기가 악화되고 기업과 가계의 상황이 어려워지는데 대출이 계속 늘어난다

면 리스크가 높아진 금융기관들의 신용등급은 하향 조정될 가능성이 높다.

▶ 금융기관들의 자본건전성이 악화되어 신용등급이 강등되면, 금융기관들은 위험한 대출부터 줄일 수밖에 없다. 취약한 기업과 가계일수록 신규 대출을 받거나 기존 대출의 만기를 연장하기 어려워질 것이다.

▶ 금융기관들은 경제충격 확산의 핵심 연결고리다. 금융기관들이 흔들리면 실물경제위기가 금융위기로 전이되면서, 경제위기의 충격이 배가되고 범위가 급격히 확대된다.

채권시장 안정펀드

채권시장 경색으로 일시적 자금난을 겪고 있는 기업들에게 유동성을 지원하고 국고채
와 회사채의 과도한 금리 차이를 해소하기 위해 설립된 펀드

회사채 신속인수제도

특정 기업의 회사채 만기가 집중적으로 다가와 자금난이 우려될 때, 그 회사채의 80%
를 산업은행이 총액 인수하는 시스템

프라이머리 CBO

신용이 낮은 기업의 채권을 담보로 발행하는 채권담보부증권(Collateralized Bond
Obligation, CBO). 기업이 자금을 마련하기 위해 신규로 발행하는 회사채를 금융기관이
시장실세금리로 가장 빨리 인수해 자산유동화전문회사(Special Purpose Company, SPC)
에 매각하면, SPC가 매수한 회사채를 기초로 채권담보부증권을 발행해 자금을 조달함
으로써 돈이 돌도록 하는 금융기법이다.

비우량 회사채·기업어음 매입을 위한 특수목적기구(SPV)

저신용 기업의 자금조달을 돕기 위한 목적으로 만들어졌다. 특수목적기구(Special
Purpose Vehicle, SPV)는 금융 및 증권업계의 자산유동화를 목적으로 채권을 발행하기
위해 설립되는데, 대출, 채권, 증권 등의 자산을 매입한 후 이를 담보로 새로운 채권을
발행하고 투자자들에게 판매한다.

2

정부의 재정 건전성 악화

한국 '국가신용등급' 강등된다

- 코로나19로 세금이 덜 걷히는 가운데 정부가 쓰는 돈은 크게 늘면서 재정적자가 급격히 확대되고 그만큼 정부의 빚은 급증하고 있다.

- 국가부채가 계속 급증하여 GDP 대비 국가채무 비율이 50%대에 진입하게 되면 우리나라 국가신용등급이 강등될 가능성이 높다.

- 국가신용등급이 하락하면 국내 금융시장에 충격을 줄 뿐만 아니라, 경기가 어려울 때 정부마저도 돈을 제대로 못 쓰게 된다.

"2023년 대한민국의 GDP 대비 국가채무 비율이 46%가 되면 중장기적으로 국가신용등급의 하락 위험으로 작용할 수 있다."

— 국제신용평가사 피치, 2020년 2월

코로나19가 불거지기도 전인 2020년 2월에 이미 나왔던 국제신용평가사 피치^{Pitch}의 경고다. 여기서 언급된 2023년과 46%라는 수치는 어떻게 나온 걸까?

매년 우리나라 정부는 장기적인 관점에서 국가재정을 운용한다는 취지로 향후 5년간의 전망과 계획이 담긴 '국가재정 운용계획'을 발표한다. 2019년에 발표되었던 '2019~2023년 국가재정 운용계획'에서 정부는 2023년의 GDP 대비 국가채무 비율을 46.4%로 전망했었다. 결국 피치는 대한민국 정부가 예상하고 계획한 속도대로 정부 빚이 늘어나더라도 2023년 정도가 되면 정부 빚 증가 때문에 국가신용등급을 낮출 수 있음을 시사한 것이다.

국제신용평가사 스탠더드 앤드 푸어스^{Standard & Poor's}(이하 S&P)도 2020년 4월에 "대한민국의 국가신용등급 및 전망을 현재 수준(AA, 안정적)으로 유지한다."고 발표했지만 단서를 달았다. "현재의 안정적 등급 전망은 한국 경제가 내년에 반등하고 일반정부 예산이 균형 수준에 가깝게 복귀하는 것을 전제로 한다." 이는 대한민국 정부가 세금으로 거둔 만큼만 돈을 쓰는 '균형재정' 상태에서 크게 벗어나, 세금으로 거둔 것보다 돈을 더 많이 쓰는 '재정적자' 상태가 심화되면 국가신용등급 전망을 '부정적'으로 바꿀 수도 있음을 시사한 것이다.

1년 만에 '100조 원' 넘게 늘어나는 정부 빚

문제는 코로나19가 터졌고 그 결과 정부의 '당초 계획보다도 훨씬 빠르게' 정부 빚이 늘고 있다는 점이다. 코로나 경제충격에 대응하는 데 있어 기존의 본예산 지출만으로는 부족하다고 판단한 정부는 2020년에 4번이나 추가경정예산(이하 추경)을 집행하며 더 많은 돈을 썼다. 2020년 9월 발표된 4차 추경안에 의하면, 우리나라 국가채무는 2020년 말 846조 9,000억 원으로 늘어난다. 1년 만에 국가채무가 '100조 원 넘게' 늘어날 것이라고 정부가 밝힌 셈이다.

코로나19가 발생하기 전부터 정부 빚은 크게 늘어날 전망이었다. 2019년 말에 국회를 통과했던 2020년 본예산 상으로도 이미 2020년 한 해 동안 국가채무는 64조 4,000억 원이나 늘어날 예정이었다. 2020년 계획을 세우면서 정부가 벌어들일 총수입보다 총지출이 훨씬 많이 늘어나는 예산을 수립했기 때문이다. 2020년 본예산 기준으로 총수입 증가율은 1.2%였지만 총지출 증가율은 9.1%였다. 인구 고령화, 저출산, 복지 수요 증대 등으로 재정지출이 늘어나는 부분도 있었지만, 경기둔화에 대응하기 위해 적극적으로 지출을 늘린 영향이 컸다.

그런데 2020년 초 예상하지 못했던 코로나19가 발생했고 정부 빚은 더 빨리 늘어나고 있다. 경기가 안 좋아지면서 들어오는 세금은 계획보다 급감하는 반면, 경제충격을 완화하기 위해 정부가 써야 하는 돈은 급증하고 있다. 4차 추경안에 의하면 2020년 본예산 대비 2020년 연간 총수입은 11조 1,000억 원 줄어드는 반면, 연간 총지출은 42조 4,000억 원이나 늘어날 것으로 정부는 예상했다. 그 결과, 추세적으로 늘어나고 있던 재정 적자 폭이 더욱 확대될 전망이다. 4차 추경안에서 정부는 GDP 대비 관리재정수지* 적자 비율이 2019년 -1.9%에서 2020년 -6.1%로 높아질 것으로 예상했다. 결국, 이러한 변화들을 반영하여 정부는 국가채무가 2020년 본예산보다도 41조 7,000억 원이나 더 늘어날 것으로 밝힌 것이다. 일반 가정집에서 소득은 줄고 지출은 늘어 적자 폭이 확대되면 은행에서 원래 빌리려던 것보다 더 많은 돈을 빌리게 되는 것과 동일하다.

그 결과 'GDP 대비 국가채무 비율'이 치솟고 있다. 보통 GDP는 그 나라 경제 규모를 대표하니 우리 경제 규모 대비 정

• 관리재정수지: 통합재정수지에서 4대 사회보장성기금(국민연금기금, 사학연금기금, 산재보험기금, 고용보험기금)을 제외한 것으로 정부의 순(純) 재정상황을 보여주는 지표다.

부의 빚이 어느 정도인가를 보여주는 지표다. 정부는 2020년 말에 우리나라의 GDP 대비 국가채무 비율이 43.9%까지 높아질 것이라고 밝혔다. 2019년 말 이 비율이 37.1%였으니, 1년 만에 6.8%p나 높아지는 셈이다. 2019년에 정부가 제시했던 '2019~2023년 국가재정 운용계획' 상에서 39.8%로 전망했던 것과 비교하면, 당초 계획보다 4.1%p나 높아지는 것이다. 문제는 앞으로도 이러한 상승세가 지속되어 수년 내에 이 비율이 50%대 후반까지 높아질 것이라는 점이다. 2020년 9월 정부가 코로나 이후 변화된 상황을 반영하여 발표한 '2020~2024년 국가재정 운용계획'에 의하면, 정부는 우리나라의 GDP 대비 국가채무 비율이 2022년에는 50.9%가 되고 2024년에는 58.3%에 달할 것으로 전망했다.

국가부채에 있어서 우리나라는 미국, 유럽, 일본과 다르다

국가부채 급증에 대한 우려와 관련하여, 다른 주요국들과 비교하면 우리나라의 정부 빚이 아직 많은 편이 아니라는 견해도 있다. 정부의 부채 규모를 국제적으로 비교하려면 앞서 언급한 '국가채무'가 아닌 '일반정부부채'라는 정부 빚 통계를 써야 한다. 국가채무는 우리나라의 '국가재정법'에 근거하여 산출되어 '국가재정 운용계획'에 활용되는 '국내용' 통계이기 때문이다.

반면, 일반정부부채는 IMF, OECD와 같은 국제기구들이 산출기준을 정해 국가 간 비교를 위해 집계하는 '국제용' 통계다.

두 통계의 가장 큰 차이점은 국민건강보험공단, 국방과학연구소 등과 같은 비영리공공기관의 부채가 국가채무에는 포함되지 않지만 일반정부부채에는 포함된다는 점이다. 그렇다 보니 국가채무보다 일반정부부채 규모가 항상 더 크다. 실제로 2018년 기준 우리나라의 GDP 대비 국가채무 비율은 35.9%였지만 GDP 대비 일반정부부채 비율은 40.1%로 4.2%p 높았다. 따라서 정부가 발표하는 '국가재정 운용계획' 상의 'GDP 대비 국가채무 비율' 전망치보다 'GDP 대비 일반정부부채 비율' 수치는 분명 더 높을 것이다.

선진국들과 비교하면 우리나라의 GDP 대비 일반정부부채 비율은 낮은 편이다. 2018년 기준, 우리나라는 40% 수준이지만, 미국은 107%, 영국은 112%, 프랑스는 123%, 이탈리아는 148%, 일본은 224%에 달한다. 그러나 이를 근거로 우리나라가 정부 빚이 많지 않고 그렇기 때문에 정부 빚을 많이 늘려도 괜찮다고 판단하는 것은 위험할 수 있다. GDP 대비 일반정부부채 비율이 매우 높은 국가들은 대부분 그 나라의 통화가 달러화, 유로화, 엔화 등 '기축통화' 또는 '국제통화'다. 외국으로부터 빌린 돈을 갚아야 할 때 최악의 경우 자기 나라 돈을 더 찍어내서(필요하면 이를 달러화로 바꿔서) 갚으면 된다. 그 나라 돈이 국제무역 거래 및 국제금융 거래에서 지불수단으로 통용된다. 그 결과, 이들 국가들은 위기에 빠지지 않으면서 감당할 수 있는 정부 빚의 규모가 상대적으로 크다.

반면, 우리나라와 같이 자국통화가 국제통화가 아닌 국가들은 처지가 다르다. 해외로부터 달러화, 엔화, 유로화로 빌렸다면 그 빚은 어떻게든 해당 통화를 국제금융시장에서 구해 갚아야 한다. 자국통화를 국제금융시장에서 잘 받아주지 않는다면 자기 나라 돈을 더 찍어내는 것으로는 문제를 해결하기 어렵다. 즉 국제통화 보유국들에 비해 그렇지 않은 나라들은, 자체적으로 감당할 수 있는 정부 빚의 규모가 상당히 적을 가능성이 높다.

과거 IMF 외환위기와 달리 우리나라가 이제는 외채가 많지 않으니 별문제가 안 된다는 견해도 있다. 정부가 빚을 많이 내고 있기는 하지만 선진국들처럼 해외가 아닌 국내 경제 주체들, 즉 금융기관 및 가계들로부터 주로 돈을 빌리고 있다는 것이다. 그러나 설령 정부가 돈을 갚아야 하는 대상이 해외가 아니라 국내 경제 주체들이더라도 부채가 너무 빠르게 늘어나거나 너무 많아지면 돈을 제대로 갚지 못할 수 있다는 우려가 높아진다. 외채위기 또는 외환위기 가능성이 매우 낮은 일본의 국가신용등급이 하락했던 것도 이 때문이다.

'국가부채비율 50%' 넘으면 조심해야 한다

앞서 언급한 바와 같이, 정부는 우리나라의 GDP 대비 국가채무 비율이 2022년에는 50%를 넘고 2024년에는 50% 후반에 이를 것으로 전망했다. 국가부채가 이렇게 빠르게 늘어나면 어떤 일이 생길까?

S&P의 국가신용등급을 기준으로 분석해보면, GDP 대비 일반정부부채 비율이 50%대인 신흥국들의 '평균' 국가신용등급은 'BBB-'다. 그중 가장 높은 이스라엘의 국가신용등급이 'AA-'다. 현재 우리나라의 국가신용등급이 'AA'다(국제신용평가사 3사의 국가신용등급 체계는 56쪽 참고). 이는 향후 우리나라의 GDP 대비 국가부채 비율이 50%대에 진입하게 되면 우리나라의 국가신용등급이 하향 조정될 가능성이 상당히 높음을 시사한다.

물론 국제신용평가사들이 정부부채 규모만을 보고 국가신용등급을 결정하지는 않는다. 국제신용평가사들이 공개하는 '매우 원론적인' 평가방법론에 의하면, 국제신용평가사들은 "경제성장률, 외환보유액, 재정 건전성, 공공부채 등 경제적 요인과 지정학적 요인을 모두 평가해 국가신용등급을 결정"하거나, "정량적 요인들과 정성적 요인들을 종합적으로 고려하여 국가신용등급을 결정"한다.

그러나 어느 나라가 대규모 재정적자가 지속되고 그로 인해 정부부채가 급증한다면 그 나라의 국가신용등급은 강등될 가능성이 매우 높다. 당장 떨어지지 않더라도 떨어지는 것은 단지 시간문제일 수 있다. 국가신용등급은 그 나라 정부가 빚을 제대로 갚을 능력이 어느 정도인가를 측정하는 지표이기 때문이다. 엄밀히 말하면 국가신용등급은 그 나라 정부가 돈을 빌리기 위해 발행하는 '국채에 부여된 신용등급'이다. 어떤 기업의 신용등급이 그 기업이 발행하는 회사채에 부여된 신용등급인 것과 비슷하다. 기업이 계속해서 대규모 적자를 기록하고 부채 규모도 급증하고 있다면 그 기업의 신용등급은 대개 하락한다.

국가신용등급은 상대평가가 아니라 절대평가다

전 세계의 많은 국가가 코로나19의 경제충격을 완화시키기 위해 재정지출을 늘리고 있고 그 결과 정부 빚도 급증하고 있으니 우리도 정부 빚 증가를 걱정하지 않아도 된다는 생각은 위험하다. 이는 '시험을 앞두고 주변 친구들이 모두 공부를 안 하고 있으니 나도 공부를 안 해도 된다.'고 생각하는 것과 유사하다. 실제로 2020년 1월부터 5월까지 3대 국제신용평가사들의 국가신용등급 조정을 살펴보면, 국가신용등급 및 전망의 하향 조정은 146건에 달했지만 상향 조정은 1건도 없었다. 이는 국제신용평가사들의 국가신용등급 평가가 '상대평가'가 아니라 '절대평가'에 가까움을 시사한다.

추세적인 재정악화에 경제위기가 맞물리면 국가신용등급 하락 리스크는 급격히 높아진다. 그리스, 이탈리아, 스페인 등 남유럽 국가들의 경험은 이를 잘 보여준다. 저출산과 고령화로 세금을 낼 사람은 줄어드는데 노인 부양을 위한 재정부담은 커지고 있었다. 포퓰리즘 정책을 펴는 정치인들로 인해 복지를 위한 재정지출은 늘어나는데 방만한 연금지급 등 반드시 필요한 재정 개혁은 계속 미뤄졌다. 그런 와중에 글로벌 금융위기와 유럽 재정위기가 터졌고 상황은 급격히 악화되었다. 경기침체로 세수는 급감하는데 실업수당 등 정부지출은 급증했고, 막대한 재정적자는 고스란히 정부 빚 급증으로 이어졌다.

그 과정에서 드러난 유로존 시스템의 한계점도 상황을 악화시켰다. 유로화라는 국제통화를 쓰고 있음에도 남유럽 국가들은 마음대로 유로화를 찍어내서 빚을 갚을 수 없었다. 유로존 국가들은 유럽중앙은행이라는 단일 중앙은행에서 통일된 통화정책을 펴기 때문이다. 그런데 유럽중앙은행 내에서 영향력이 가장 큰 나라는 재정이 탄탄한 독일이다. 특히 과거 세계대전 이전에 극심한 물가상승으로 고생한 경험이 있던 독일은 방만하게 돈을 찍어내는 것에 매우 비판적이다. 결국 경기를 살리거나 정부 빚을 갚기 위해 유로화를 마음대로 찍어낼 수 없다는 사실이 확인되면서 남유럽 국가들의 국가신용등급은 급락했다. 유로존의 경우 유로화라는 단일통화를 쓰면서 통화정책은 통일

되었지만 아직 재정정책은 통일되지 않았고, 그 결과 국가신용
등급도 유로존 전체가 아니라 국가별로 매겨지기 때문이다. 스
페인의 국가신용등급은 글로벌 금융위기 직전에는 최고 등급인
'AAA'였지만 2012년에는 투기등급 직전까지 떨어졌다.

원화 가치 급락하고 자금조달 어려워진다

국가신용등급이 떨어지면 금리가 오르고, 그 나라 돈의 가치
가 떨어지고, 외국인 자금이 빠져나가면서 금융시장에 충격이
발생한다. 또한 그 나라 정부뿐만 아니라 기업, 금융기관 등 모
든 경제 주체들이 해외로부터 돈을 빌려오기 어려워진다. 일반
적으로 한 나라에서 가장 신용도가 높은 주체는 그 나라 정부이
므로, 그 나라 정부가 돈을 빌릴 때 내는 금리, 즉 '국채금리'는
그 나라의 다른 경제 주체들이 돈을 빌릴 때 내는 금리의 출발
점이 된다. 그래서 기업이나 금융기관들의 해외 차입금리는 그
나라 정부의 해외 차입금리에 해당 기업이나 금융기관의 신용
도에 따른 가산금리를 더해 결정된다.

그 결과, 국가신용등급이 떨어져 정부의 해외 자금조달 금리
가 높아지면 그 나라 모든 기업과 금융기관들의 해외 자금조달
금리도 높아진다. 상황이 악화되면 금리가 높아지는 정도를 넘
어서 아예 빌리지 못하는 경우도 발생한다. 해외로부터 돈을 빌

려오는 금리가 올라가거나 심지어 돈을 빌려오는 것 자체가 어려워지면 국내에서도 금리가 올라가거나 자금이 부족해진다.

이 상황에서는 그 나라 돈의 가치도 떨어진다. 그 나라 정부에 대한 신뢰도가 하락하는 가운데 국가신용등급 하락으로 인한 경제충격까지 우려되면 그 나라 돈에 대한 수요도 줄어들 수밖에 없다. 외국인 투자자들로서는 그 나라 주식, 채권, 부동산 등에 투자했던 돈을 빨리 환전해서 빼내 가는 것이 최선이다. 여기에 자국 통화가치 하락을 예상한 그 나라 국민들마저 자기 나라 돈을 외화로 바꾸려 할 경우, 그 나라 돈의 가치 하락 속도는 더욱 빨라진다.

이 경우 외화로 돈을 빌렸다가 외화로 돈을 갚아야 하는 기업이나 금융기관들은 매우 어려워진다. 자국 통화가치가 하락하는 만큼 외화부채 상환 부담이 커지기 때문이다. 가령, 원달러 환율이 1,000원일 때 외국에서 빌려서 썼던 1달러를 상환해야 하는데 환율이 1,500원으로 급등한 상황을 생각해보자. 이 상황은 1,000원이면 1달러와 교환되던 우리 돈 원화의 가치가 많이 떨어져 1,500원이 1달러와 교환되는, 즉 원화의 가치가 50% 하락한 상황이다. 이렇게 되면 1달러의 외화부채를 갚기 위해 필요한 원화는 1,000원에서 1,500원으로 늘어나 외화부채 상환 부담도 50% 늘어난다. 기업이나 금융기관이 외화거래에서 거액의 손실을 입게 되고 자칫 돈이 부족하면 도산 위기에까지 몰릴 수 있다. 과거 IMF 외환위기 당시, 해외 차입이 어려워지고

원달러 환율이 급등하면서 많은 국내 금융기관들과 기업들이
자금난에 빠지고 대규모로 도산한 것이 대표적인 사례다.

경제 어려워져도 정부마저 돈을 못 쓴다

우리나라의 경우 더욱 우려되는 재정 건전성 악화의 악영향
은 '경제가 어려운데 정부마저 돈을 못 쓰는 상황'을 초래할 수
있다는 점이다. 우리는 외환위기의 트라우마를 지닌 나라다. 국
제신용평가사가 재정 건전성 악화를 이유로 국가신용등급을 하
향 조정한다면 국민들의 불안감과 우려는 급격히 고조될 것이
다. IMF 외환위기라는 쓰라린 경험을 통해 어떻게든 외환위기
는 피해야 한다는 것을 학습한 효과가 나타날 가능성이 높다.
재정적자를 줄이고 정부부채 증가 속도를 늦춰야 한다는 주장
들이 강하게 제기될 것이다.

방법은 결국 2가지다. 세금을 더 걷어 세수를 늘리거나 정부
가 돈을 덜 써서 지출을 줄이는 것이다. 코로나19가 장기화되거
나 경기 부진이 지속될 경우, 법인세나 소득세 같은 세수는 더
줄어들 것이다. 원래부터 인기 없는 정책인 증세는 경기가 어려
울수록 더 실행에 옮겨질 가능성이 낮아진다. 결국, 정부는 재정
건전성을 개선시키고 정부부채 증가를 억제하기 위해 재정지출
을 줄이거나 세출 구조조정에 나설 가능성이 높다.

지난 수년간 우리나라는 가계의 소비, 기업의 투자, 수출 등과 같은 민간 부문의 활동이 부진한 가운데 정부가 재정지출을 많이 늘리면서 성장률을 지탱해왔다. 그 결과 민간의 성장기여도는 크게 떨어진 가운데 정부의 성장 기여도는 크게 높아졌다. 2019년 GDP 기준 정부의 성장 기여도는 1.1%p로 민간의 성장 기여도는 0.8%p보다 높았다. 코로나19 경제충격으로 이러한 현상이 더욱 심화되고 있다. 전년 동기 대비 성장률을 기준으로, 2020년 1분기와 2분기에 민간의 성장 기여도는 각각 -2.4%p와 -1.9%p로 마이너스였다. 반면 정부의 성장 기여도는 1.3%p와 1.1%p로 플러스였다. 민간의 경제활동이 급격히 위축된 가운데 정부의 재정지출이 경제성장률 급락을 막고 있는 형국이다.

결국, 정부부채가 계속 급증하게 되면 재정 건전성 악화 및 국가신용등급 하락에 대한 우려 때문에 경기가 어려운 가운데 정부마저 돈을 제대로 못 쓰는 상황이 초래될 수 있다. 민간 부문의 경제활동 위축으로 경기가 부진한 상황에서 정부 재정지출마저 위축된다면 경기 부진이 심화되거나 불황이 장기화될 위험성이 더욱 높아진다.

국가신용등급은 떨어지면 빨리 많이 떨어지고
회복은 오래 걸린다

정부의 재정지출과 관련된 일이나 사업을 하고 있다면 세출 구
조조정에 대비해야 한다.

▶ 코로나가 장기화되건, 코로나가 종식되건 정부가 점점 돈을 아끼려 할 것이
다. 지금 하고 있는 일이나 사업이 중단되거나 축소될 수 있다.

▶ 재정 지원을 받는 경우 지원의 필요성 및 유효성 입증이 중요해질 것이다.

국제신용평가사들, 특히 피치의 발언과 움직임에 주목해야 한다.

▶ 국제신용평가사 3사 중 피치가 가장 먼저 움직일 가능성이 높다. 현재도
S&P와 무디스Moody's는 우리나라에 신용등급 체계상 '3번째로 높은 등급'
을 부여하고 있는 반면, 피치는 이보다 한 단계 낮은 '4번째로 높은 등급'을

부여하고 있다.

▶ 2020년 10월 피치는 한국의 국가신용등급을 유지하면서도 빠른 국가부채 증가 속도는 위험 요인이라고 다시 경고했다.

▶ 대개 국가신용등급 조정 전에 등급 전망이 조정된다. '안정적stable'이던 등급 전망이 '부정적negative'으로 바뀌면 경고등이 켜진 셈이다.

▶ 통상 국제신용평가사들은 국가신용등급 전망을 '부정적'으로 제시하고 나서 국가신용등급을 낮추는 것이 일반적이지만, 상황에 따라 전망 조정 없이 바로 국가신용등급을 낮추기도 한다.

국가신용등급은 떨어지면 빨리 많이 떨어지고, 회복은 오래 걸린다는 점을 염두에 둬야 한다.

▶ 그리스의 경우, 국가신용등급이 A+에서 C까지 '16단계 떨어지는 데 2년 3개월'밖에 걸리지 않았다.

▶ 우리나라의 경우, IMF 외환위기 '이전 등급을 회복하는 데 13년'이나 걸렸다.

국채금리 움직임을 예의주시해야 한다.

▶ 국채금리는 우리 정부에 대한 금융시장의 신뢰를 반영한다. 국채금리의 상승은 우리 정부가 국채를 팔아 돈을 빌릴 때 금융시장에서 더 높은 금리를 요구한다는 것으로 '좋지 않은 신호'다.

▶ 국가신용등급은 1년에 한 번도 안 바뀌는 경우가 많지만, 국채금리는 매일 바뀐다.

▶ 정부부채가 급증한 상황에서 국채금리가 오르면 '빚이 빚을 부르는 악순환'

에 빠질 수 있다. 국채 이자를 지급하는 데 정부가 더 많은 돈을 써야 하기 때문이다. 정부부채가 막대한 일본은 정부 재정지출의 절반을 이미 발행한 국채의 이자 지급에 쓰고 있다. 그렇다 보니 재정지출을 위해 부족한 돈을 다시 국채를 팔아 빌리고 있다.

무역수지 또는 경상수지가 적자로 전환되면 '위험신호'다.

▶ 국제금융시장에서 신흥국을 볼 때 가장 싫어하는 것이 '쌍둥이 적자', 즉 경상수지와 재정수지가 동시에 적자인 상황이다. 이는 마치 밖에서 벌어오는 돈보다 밖에서 쓰는 돈이 더 많고, 수입보다 생활비를 더 많이 쓰는 가정집과 비슷한 상황이다. 은행은 대개 이런 가정집에 돈을 빌려주지 않으려 하고 있던 대출도 회수하고 싶어 한다.

▶ 글로벌 경기와 주요 수출산업의 업황 변화에 따라 우리나라도 무역수지 또는 경상수지 적자 상황을 배제하기 어려워졌다. 2020년 4월 우리나라 무역수지와 경상수지는 적자를 기록했다. 코로나 재발 또는 세계 경기 둔화로 수출이 계속 위축되거나 국제유가가 올라 수입이 늘어난다면 '쌍둥이 적자' 상황에 빠질 수 있다.

재정 건전성 및 국가신용등급과 관련하여 '바깥의 시각'으로 바라보고 판단해야 한다.

▶ 스스로를 멀리 떨어진 국가에 투자하려는 외국인 투자자라고 생각해보라. 중남미, 남유럽의 많은 국가들과 같이 정치인들이 주도하는 대규모 선심성 재정지출이 반복되고, 이를 통제할 수 있는 재정준칙이 명확하지 않거나 느

슨하고, 국민들이 받는 것은 반기지만 세금을 더 부담해서 국가 빚을 줄일 생각은 없는 국가를 긍정적으로 보기는 어렵다.

▶ 이런 면에서 특정 국가의 장기적인 재정 건전성 및 국가신용등급에 대한 판단에는 그 나라의 정치 시스템, 재정준칙의 존재 여부와 강제성 정도, 과세 시스템의 합리성과 효율성, 국민 의식 수준 등이 종합적으로 고려된다.

원화 가치 급락 또는 외화 자금조달이 어려워지는 상황에 대비해야 한다.

▶ 수입품 가격이 오르거나 수입에 의존하는 물품을 구하기가 어려워질 수 있다.

▶ 상환 부담이 커질 수 있으므로 금리가 낮더라도 외화부채 활용은 신중해야 한다.

▶ 해외 자금조달 시 장기 고정금리 차입이 가능한지 우선 검토해야 한다. 국가 신용등급이 하락하면 금리가 급등하거나 자금조달이 아예 어려워질 수 있다. 금리가 조금 낮다고 단기 또는 변동금리로 차입하는 것은 득보다 실이 클 수 있다.

▶ 자금 조달원과 자금조달 통화를 다변화하려는 노력을 미리미리 해야 한다.

원화 가치가 급락해도 과거처럼 수출이 크게 늘어 경기가 좋아지기 어렵다.

▶ 과거 IMF 외환위기 당시에는 원화 가치 급락이 우리 경제의 빠른 회복에 크게 기여했다. 글로벌 경제위기가 아니라 우리 경제의 외환위기여서 우리 수출품들의 가격 경쟁력이 개선되자 수출이 크게 늘었기 때문이다.

▶ 반면, 현재는 원화 가치 하락으로 수출 가격 경쟁력이 높아지더라도 수출이 크게 늘기 어려운 상황이다. 코로나19는 전 세계에 영향을 미치는 글로벌 경제위기다. 코로나19가 지속될 경우 주요국들의 수요가 위축되어 우리 수출품이 다소 싸지더라도 수출이 크게 늘기 어려울 전망이다. 설령 코로나가 진정되더라도 향후 상당 기간 세계 경제 성장세가 부진할 가능성이 높다.

구분	등급	무디스	S&P	피치
투자 등급	AAA(Aaa)	독일, 캐나다, 호주, 싱가포르, 네덜란드, 덴마크, 스웨덴, 스위스, 룩셈부르크, 노르웨이, 미국, 뉴질랜드(12개국)	독일, 캐나다, 호주(-), 싱가포르, 네덜란드, 덴마크, 스웨덴, 스위스, 룩셈부르크, 노르웨이, 리히텐슈타인(11개국)	독일, 캐나다, 호주, 싱가포르, 네덜란드, 덴마크, 스웨덴, 스위스, 룩셈부르크, 노르웨이, 미국(11개국)
	AA+(Aa1)	핀란드, 오스트리아(2개국)	핀란드, 오스트리아, 미국, 홍콩(4개국)	핀란드, 오스트리아(+)(2개국)
	AA(Aa2)	프랑스, 아부다비, 한국, 영국(-), 쿠웨이트(RUR)	프랑스, 아부다비, 한국, 영국, 뉴질랜드(+), 벨기에	프랑스, 아부다비, 쿠웨이트, 뉴질랜드, 마카오
	AA-(Aa3)	대만, 카타르, 홍콩, 벨기에, 마카오	대만, 카타르, 쿠웨이트, 아일랜드	대만, 카타르, 홍콩, 벨기에(-), 한국, 영국(-)
	A+(A1)	중국, 일본, 칠레, 사우디(-)	중국, 일본(+), 칠레(-)	중국, 아일랜드
	A(A2)	아일랜드	스페인	일본, 칠레, 사우디
	A-(A3)	말레이시아	말레이시아, 사우디	말레이시아(-), 스페인
	BBB+(Baa1)	태국, 스페인, 멕시코(-)	태국, 필리핀	태국
	BBB(Baa2)	인도네시아, 필리핀, 인도(-)	인도네시아(-), 이탈리아(-), 포르투갈, 멕시코(-)	인도네시아, 필리핀, 포르투갈, 러시아
	BBB-(Baa3)	이탈리아, 포르투갈(+), 러시아	러시아, 인도	이탈리아, 멕시코, 인도
투기 등급	BB+(Ba1)	남아프리카공화국(-)		
	BB(Ba2)	브라질	베트남	베트남, 그리스, 남아프리카공화국(-)
	BB-(Ba3)	베트남(-)	브라질, 그리스, 남아프리카공화국	브라질(-), 터키
	B+(B1)	그리스, 터키(-)	터키	이집트
	B(B2)	이집트	이집트, 우크라이나	우크라이나
	B-(B3)	라오스(+)		라오스

1) 주요국은 G20, ASEAN, PIIGS 국가 중심   2) 괄호 안 등급은 무디스 기준
3) 국가명 뒤 (-)는 부정적 등급 전망, (+)는 긍정적 등급 전망   4) RUR(Rating Under Review)은 등급 하향 검토
5) 피치는 CCC 이하로는 전망을 부여하지 않음

3

좀비기업 급증

우리나라 기업 '열 중 넷'이 좀비기업 된다

- 코로나19 이전에도 우리나라 기업의 1/3은 이미 좀비기업이었고, 코로나19 충격이 더해져 조만간 그 비중은 40%에 달할 전망이다.

- 코로나19에 대응해 정책당국은 일단 기업이 망하지 않도록 대규모 자금을 수혈하고 있지만, 과거에도 위기를 겪을 때마다 좀비기업이 급증했다.

- 좀비기업은 다른 정상기업까지 좀비기업으로 만들면서 경제의 역동성, 자원 배분의 효율성을 떨어뜨려 경제성장률을 갉아먹는다.

좀비기업 : 회생 가능성이 크지 않아 시장 원리에 따라 퇴출되어야 할 기업임에도 불구하고 정부나 채권단으로부터 지원금을 받아 연명하는 기업으로서, 죽어서도 인간의 모습을 하고 움직이는 좀비에 빗대어 이르는 말.

'걸어다니는 시체'라고 불리듯 좀비는 사실 죽은 존재다. 좀비기업도 경제적으로는 이미 사망 상태인, 즉 시장 원리대로라면 이미 퇴출되었어야 할 기업이다. 앞으로 진짜 좀비는 아니지만 좀비기업이 우리를 위협할 것이다. 원래도 많았지만 코로나19로 인한 경제충격으로 그 수가 급격히 늘어날 것이다. 좀비기업은 본능적으로 살아남으려 애를 쓰고 그 과정에서 다른 기업까지 좀비기업으로 만든다. 나중에 그 위협을 알아차릴 무렵이면 우리 경제는 활력 저하로 이미 심각한 상황일 가능성이 높다. 이러한 좀비기업들은 미국 드라마 '워킹데드', 영화 '부산행', 넷플릭스 드라마 '킹덤' 등에서 봤던 좀비들과 놀랍도록 많은 부분에서 비슷하다.

좀비기업을 식별할 때 가장 많이 활용되는 지표가 '이자보상배율'이다. 영업활동을 통해 벌어들인 이익이 빚에 대해서 내야 하는 이자 대비 어느 정도인가를 나타내는 비율이다. 보통 이 비율이 1 미만이면 좀비기업이라고 부른다. 열심히 장사해도 남은 돈으로 은행에 낼 이자비용조차 감당하지 못하는 기업이다. 은행 등 금융기관들은 이런 기업에 돈을 빌려주려 하지 않을 것이다. 즉 금융시장에 맡겨놓으면 돈을 구할 수 없어 퇴출될 가능성이 높은 기업이다.

열심히 장사해도 대출금 이자도 못 번다

코로나19 이전에도 좀비기업은 많았다. 외부감사인의 회계감사를 받아 사업보고서를 공시하는 외감기업들을 대상으로 분석해보면, 2019년에 이자보상배율이 1 미만인 기업의 비중이 34.1%에 달했다. 1/3이 넘는 기업들이 이미 좀비기업이었던 셈이다. 특히 이들 중에서도 3년 연속으로 이자보상배율이 1 미만인 기업을 따로 분류해 '한계기업'이라고 부른다. 당장 망해도 이상하지 않을 만큼 한계상황에 이른 기업이라는 의미다.

특히 우리나라의 경우, 좀비기업에 있어서도 '반도체 착시효과'가 있었다. 우리나라는 전체 기업 활동 내에서 반도체 등 전기전자 업종의 일부 대기업이 차지하는 비중이 매우 크다. 그래서 반도체 경기 등이 좋을 때, 전체 기업의 매출, 전체 기업의 이익, 이런 식으로 분석하면 좀비기업의 심각성이 잘 보이지 않았다. 가령 2018년의 경우 우리나라 전체 기업의 이자보상배율은 5.9였지만 전기전자 업종을 제외하면 3.9로 뚝 떨어진다. 대기업의 이자보상배율은 7.5였지만 중소기업은 2.5에 불과했다. 같은 대기업 안에서도 전기전자 업종을 제외하면 4.6으로 낮아진다.

반도체, 스마트폰을 만드는 전기전자 업종 이외의 자동차, 조선, 석유화학 등 여타 주력 수출 제조업들은 상황이 좋지 못했기 때문이다.

코로나19 이전에도 이미 좀비기업은 늘어나고 있었다. '좀비기업 진입률'은 높아지고, '좀비기업 이탈률'은 낮아지는 추세였다. 진입률은 이자보상배율 1 이상이었던 기업 중 1 미만으로 떨어진 기업의 비율이다. 반면, 이탈률은 이자보상배율 1 미만이었던 기업 중 1 이상으로 올라온 기업의 비율이다. 좀비기업 진입률은 2016년 14.9%에서 2018년 19.2%로 높아진 반면, 좀비기업 이탈률은 2016년 32.6%에서 2018년 26.9%로 낮아졌다. 정상이었다가 좀비가 되는 비율은 높아지는 반면, 좀비였다가 정상이 되는 비율은 낮아지고 있다는 의미다.

이런 추세에 코로나19의 충격이 더해졌다. 비슷한 전염병이지만 과거 메르스의 경우 발병지였던 중동을 제외하고는 우리나라 정도에서만 대규모 사망자가 발생했기 때문에 내수소비 위축을 중심으로 우리 경제에 충격을 주었다. 하지만 코로나19는 전 세계적으로 확산되어 수출과 생산에도 큰 타격을 주고 있다. 내수와 수출, 제조업과 비제조업을 가리지 않고 매우 광범위한 업종에서 매출과 이익 급감이 나타나고 있는 것이다.

한국은행의 기업경영분석 통계에 의하면 2020년 2분기에 우리나라 전체 기업의 매출은 전년 동기 대비 10.1%, 특히 제조업 기업의 매출은 12.7%나 감소했다. 앞서 한국은행은 2018년 자료를 바탕으로 전체 기업의 매출이 3% 감소하면 이자보상배율 1 미만인 기업의 비중이 5.2%p 높아진다고 분석한 바 있다. 결국, 2019년에 전체 기업의 34.1%였던 좀비기업의 비중은 40%를 넘어설 가능성이 매우 높다.

좀비는 만들어진다

'좀비'라는 이름은 아이티의 부두교에서는 유래한 것이다. 부두교의 사제가 인간에게서 영혼을 뽑아내 좀비로 만든 후 노동자로서 착취하거나 팔아버린다고 믿었다. 넷플릭스 드라마 '킹덤'에서도 좀비는 누군가의 필요에 의해 '만들어진' 존재다. 현실에서도 좀비기업은 경쟁력을 잃은 기업과 이러한 기업에 대한 지속적인 자금 수혈이 겹쳐져 만들어진다. 시장 원리에 따른다면 더 이상 돈이 흘러 들어가지 않을 기업에 계속해서 돈을 대주어 죽지 않게 유지하는 것이다.

대표적인 사례가 1990년대 버블 붕괴 이후의 일본 경제다. 자산 거품이 꺼지면서 일본 기업들의 재무상태가 악화되고 실적이 추락했지만 일본 정부와 은행들은 경제충격을 막는다며 자금지원을 계속했다. 느슨한 금융감독 규제 하에서 은행들은 부실기업에 대한 대출을 '위험자산'이 아닌 '요주의자산'으로 분류하는 식으로 부실채권 규모를 줄여 보고했다. 정부는 부실기업에 대한 대출을 독려했고, 부실기업은 정상기업보다 더 낮은 금리로 쉽게 돈을 빌릴 수 있었다. 그 결과, 좀비기업과 부실대출이 급증했고 일본 경제는 '잃어버린 10년'이라는 장기불황에 빠졌다.

이유는 항상 존재한다. 드라마 '킹덤'이 이전의 많은 좀비물들과 달랐던 점이 좀비가 생겨난 이유를 구체적으로 보여주었고, 특히 누군가 좀비를 만들어낸 이유가 설득력 있게 묘사되었다는 점이었다. 현실의 좀비기업도 마찬가지다. 기업이 도산하면 그 기업에 돈을 빌려주었던 금융기관들도 커다란 손실을 입게 되고 책임추궁이 불가피해진다. 또 부실한 기업들이더라도 이들이 대규모로 도산하면서 실업이 대량으로 발생하면 경제에 큰 부담이 된다. 금융기관들과 정책당국으로서는 가능하다면 피하고 싶은 상황이다. 외국 기업과 기술에 맞서 다소 경쟁력이 떨어지더라도 자국 기업과 기술을 보호하고 육성해야 한다는 주장도 존재한다. 실제로 우리는 그렇게 성장해온 대표적인 국가 중 하나다. 특히, 코로나19처럼 갑자기 발생한 경제충격에 의해 많은 기업들이 어려움에 빠진다면 자금수혈에 대한 고민은 더욱 깊어진다.

실제로 코로나19 이후 금융기관들과 정책당국은 자금난에 빠진 기업들에 막대한 돈을 공급하고 있다. 코로나19 감염자가 급증했던 2020년 2월 하순 이후, 3월부터 5월까지 3개월 동안에만 국내 은행들의 기업대출은 62조 6,000억 원이나 늘었다. 2020년 상반기에 발표된 정책당국의 기업에 대한 금융지원 규모는 175조 원을 넘었다. 민간 금융기관들과 정부의 돈을 모아 '채권시장 안정펀드'를 만들어 기업들의 회사채를 사주기로 했다. 자금난을 겪는 기업의 회사채를 산업은행이 직접 사주는 '회사채 신속인수제도'를 시행했다. '기간산업 안정기금'을 조성해 해운, 항공 등 어려움을 겪는 업종에 자금을 지원해주기도 했다. 그럼에도 불구하고 신용도가 낮은 기업들이 여전히 자금 조달에 어려움을 겪자 산업은행, 신용보증기금, 한국은행 등이 나서 이들 기업이 발행하는 회사채와 기업어음을 사주는 '프라이머리 CBO', '비우량 회사채 · 기업어음 매입기구'와 같은 대책을 내놓았다.

이렇게 코로나19로 인해 어려움에 처한 많은 기업들이 일단 버틸 수 있도록 자금을 수혈하면, 비록 의도한 것은 아닐지라도 좀비기업들이 늘어날 것이다. 시간이 걸리더라도 면밀하게 경쟁력을 따져본다거나 대출의 부실화 가능성을 측정하기보다는 신속한 자금지원이 우선시되고 있다. 대책이 하나씩 추가될 때마다 돈을 수혈받는 위험한 기업들의 범위가 확대되고 있다. 여기에는 민간 금융기관들에게 맡겨두었다면 부실화에 대한 우려 때문에 돈을 빌려주지 않았을 기업들도 포함된다. 신용등급이 일정 수준 이상만 되면, 일정 숫자 이상의 근로자를 고용하고 있으면, 차입금 규모가 일정 규모 이상이면 일단 버틸 수 있게 도와주고 있다. 기업들의 연쇄 도산과 그로 인해 발생할 당장의 경제적 충격을 막기 위해서다. 하지만 돌아보면 코로나19 이전에 이미 크게 늘어 있던 그 많은 좀비기업들도 나름의 이유가 있었던 '과거 위기들의 산물'이었다.

좀비는 멀쩡한 사람까지 좀비로 만든다

영화나 드라마에서 좀비에 물린 사람들은 대개 물리지 않았다고 우기거나 물린 것을 숨긴다. 조만간 좀비가 될 것임이 알려지는 순간 다른 사람들에 의해 어떻게 될지 알기 때문이다. 일종의 '생존 본능'이다. 그리고 그런 이들로 인해 마을 또는 나라 전체가 위기에 빠진다.

좀비기업도 마찬가지다. 좀비기업임을 인정하는 기업은 없다. 가혹한 구조조정의 대상이 될 수 있기 때문이다. 그래서 앞서 좀비기업의 판정 기준으로 언급했던 이자보상배율이 1에 못 미치더라도 일시적 상황임을, 특수한 사유가 있음을 이유로 든다. 도리어 겉보기에 좋게 보이려고 노력한다. 매출을 인위적으로 많이 늘려 수익성은 낮지만 성장성은 높다고 홍보하기도 한다. 그래서 좀비기업은 식별이 어렵다.

하지만 좀비의 가장 무서운 점은 역시 다른 멀쩡한 사람까지 좀비로 만든다는 점이다. 좀비와 가까울수록 그 위험성은 높아진다. 좀비기업의 경우에도 좀비기업과 같은 그룹에 속한 다른 계열사들, 좀비기업에 돈을 빌려주던 금융기관들, 좀비기업이 많은 업종에 속한 다른 기업들이 더 위험하다. 계열사 간 여신 제공 등 내부거래와 관련된 규제가 강화되었지만 동일 그룹 내의 주요 계열사가 위험에 빠지면 그룹 전체가 어려움을 겪는 것은 여전하다. 2020년 두산그룹의 경우에도 두산중공업이 어려워진 중요한 이유는 자회사인 두산건설의 실적 악화였다.

좀비기업에 돈을 빌려주다가 여러 좀비기업들이 동시다발적으로 도산할 경우 은행 등 금융기관들도 부실화될 수 있다. 과거 IMF 외환위기 당시 많은 은행들이 사라진 것도 1997년 초부터 한보에서 시작되어 삼미, 진로, 한신공영, 기아, 쌍방울, 해태, 뉴코아, 한라로 이어진 대기업 그룹들의 연쇄적인 도산 때문이었다.

좀비기업과 경쟁하는 기업도 위험하다. 좀비기업들은 대개 제품 경쟁력 등이 부족하기 때문에 정상적인 가격보다 훨씬 싸게 물건을 파는 '출혈경쟁'을 벌인다. 그러면 정상기업들도 생산한 제품을 제값을 못 받고 팔게 된다. 좀비기업이 없는 경우에 비해 제품을 생산하는 데 필요한 노동력과 부품을 더 높은 비용을 지불하고 구입해야 한다. 결국, 정상기업들도 수익성이 악화되고 경영상황이 어려워지면서 좀비기업이 될 위험성이 높아지게 된다.

좀비는 나라 전체를 폐허로 만든다

영화나 드라마에서 좀비가 퍼지면 그곳이 초토화되는 것처럼 좀비기업이 많아지면 그 나라 경제도 망가진다. 우선, 경제의 역동성이 저하된다. '고비용-저효율'의 기업이 자연스럽게 시장에서 퇴출되어야 '저비용-고효율'의 새로운 기업이 시장에 진입할 수 있다. 하지만 퇴출이 안 이루어지니 진입도 어렵고, 설령 진입한다고 하더라도 수요가 한정된 시장은 곧 '레드오션'으로 변한다. 창업, 혁신과 같은 새로운 시도가 줄어들고 활력이 떨어지면서 신진대사가 원활하지 않은 '변비에 걸린 경제'가 된다.

또한, 좀비기업이 많아지면 자원 배분의 효율성도 저하된다. 좀비기업이 많다는 것은 금융시장에 맡겨두면 돈이 흘러가지 않을 곳으로 매우 많은 돈이 흘러가고 있고, 그 돈으로 많은 좀비기업들이 연명하고 있음을 의미한다. 그렇지 않았더라면 좀비기업에 흘러간 많은 돈, 좀비기업에서 일하고 있는 많은 사람들은 보다 잠재력 있는 정상기업과 산업에서 더 효율적으로 쓰였을 가능성이 높다. 자원 배분이 이렇게 비효율적으로 이뤄지면 그 나라 전체 경제의 생산성도 떨어진다.

그 결과, 좀비기업이 많은 경제는 경제성장률이 낮아진다. 시장을 교란하는 좀비기업과 경쟁하느라 정상기업들의 고용과 투자 활동이 위축되기 때문이다. 한국개발연구원KDI의 분석에 의하면, 우리나라의 경우 좀비기업 비중을 10%p 낮추면 고용이 약 11만 명 늘어나는 것으로 나타났다. 최근 수년간 우리나라의 연간 취업자 증가 폭이 30만 명 수준임을 감안하면 적지 않은 숫자다.

일본의 경우, 1990년대 '잃어버린 10년' 동안 경제 안의 좀비 기업 비중이 10%p 높아지면서 '총요소생산성'이 4%p 하락한 것으로 분석되었다. '총요소생산성'이란, 경제성장에서 노동력과 자본, 즉 사람과 돈에 의한 효과를 제외한 나머지로서, 흔히 우리가 '생산성 향상'이라고 부르는 요인에 의한 경제성장 효과를 말한다. 즉 1990년대 일본은 좀비기업 증가가 경제성장률을 연평균 4%p씩 갉아먹는 결과를 초래했다는 의미다.

우리나라 역시 경제성장에 있어 생산성 향상이 갈수록 중요해지고 있다. 출산율 저하와 고령화 때문에 인구에 의한 경제성장을 기대하기 어려워지고 있다. 돈은 많이 풀렸지만 그 돈이 투자로 이어지지 않으면서 돈에 의한 경제성장을 기대하기도 어려워지고 있다. 결국 일본, 유럽 등 선진국처럼 생산성 향상을 통한 경제성장의 여지만 남은 상황이다. 이런 면에서 코로나19를 거치면서 급증할 것으로 예상되는 좀비기업은 향후 우리 경제성장률을 갉아먹는 중대한 위협이 될 전망이다.

어려워진 기업 살리려는 대책이

'계속' 나오면 위험신호다

어려움을 겪는 기업이 대대적인 할인판매, 대규모 염가 수주 등을 하면 의심해야 한다.

▶ 좀비기업으로 변하기 전에 보이는 증상이다. 이러한 행동이 길어지면 해당 기업뿐만 아니라 동종 업계의 다른 정상기업들까지도 망가진다.

▶ 좀비기업이라고 활동이 둔하거나 느리지 않다. 최근 한국 영화나 드라마에 나오는 'K좀비'들은 심지어 뛰어다닌다.

기업 신용등급이 떨어진 후에 움직이면 늦다.

▶ 과거 경험상 신용평가사들의 기업 신용등급 조정은 선행적이기보다 '후행적'인 경우가 더 많았다. 그렇기 때문에 신용평가사들조차도 어떤 기업의 신

용등급을 낮췄다면 더 조심해야 한다. 이는 기업 신용등급이 아니라 국가신용등급에 있어서도 마찬가지다.

▶ 특정 기업의 신용도 변화에 크게 영향을 받는 투자상품, 가령 회사채, 신용연계증권ELS 등에 큰돈을 투자한다면 그 기업의 신용등급 변화 추이를 반드시 확인해야 한다.

산업은행, 자산관리공사KAMCO 등 공적 금융기관 이름이 뉴스에 자주 나오면 긴장해야 한다.

▶ 매물로 내놓아도 매수자가 나서지 않는 기업, 민간 금융기관들이 돈을 빌려주지 않으려 하는 기업, 시장에서 팔리지 않는 채권이 많아지고 있다는 증거다.

▶ 공적 금융기관들의 이름이 회사채 신속인수제도, 채권시장 안정펀드, 프라이머리 CBO, 부실채권정리, 기업 워크아웃 등 용어와 함께 뉴스에 나오면 상황이 안 좋다는 증거다.

▶ 정부가 출자, 출연 등의 형태로 이들 공적 금융기관에 얼마나 돈을 넣는지 살펴봐야 한다. 현 상황의 심각성 또는 심각성에 대처하는 정책당국의 적극성을 알 수 있다.

▶ 이들 공적 금융기관들이 인수하거나 사들였던 부실기업과 부실채권을 나중에 팔아 투입금액 대비 얼마나 돈을 회수했는지 확인하면 도움이 된다. 기업 구조조정의 성과를 알 수 있고, 이들 공적 금융기관의 추가적인 대응 여력을 예측할 수 있다.

정책당국이 기업에 대한 금융지원 대책을 '계속해서' 내놓는 것은 위험신호다.

▶ 현재 금융시장에서 정상적으로 자금을 조달하지 못하는 기업이 많고, 이전에 나왔던 대책들이 제대로 효과를 거두지 못하고 있다는 증거다.

▶ 2020년에도 채권시장 안정펀드로 충분했다면 프라이머리 CBO 조치가, 프라이머리 CBO로 충분했다면 비우량 회사채·CP 매입기구 조치가 나오지 않았을 것이다.

좀비기업에 돈을 빌려준 금융기관을 잘 살펴야 한다.

▶ 둘 사이는 '애증의 관계'다. 좀비기업은 금융기관의 돈이 없으면 죽지만, 좀비기업을 가장 힘들게 하는 것도 금융기관에서 빌린 부채다. 금융기관은 좀비기업이 너무 많아져도 위험하지만 좀비기업이 빠르게 너무 많이 죽어도 위험해진다.

▶ 금융기관이 망가지면 실물경제위기가 금융위기로 전이되면서 경제충격이 매우 빠르고 광범위하게 확산된다.

2020년 봄과 같이 상황이 급격히 악화될 때는 통계를 주의해서 해석해야 한다.

▶ 기업대출 연체율이 낮아지고, 기업 자금조달 금리가 안 오르는 것이 '더 나쁜 신호'일 수 있다. 기업대출 연체율은 기업의 전체 부채 금액 대비 제때 원리금을 갚지 못해 연체된 부채 금액의 비율이다. 코로나19 이후처럼 기업의 상황이 어려워져 빌리는 부채가 급증하면 연체되는 부채가 다소 늘더라도

분자보다 분모가 더 빠르게 커지면서 기업 연체율이 낮아질 수 있다. 이런 상황에서는 전체 부채 금액의 증가 속도에 주목하는 것이 맞다.

▶ 회사채 금리, 양도성예금증서 및 CP 금리는 채권시장에서 실제로 거래된 채권금리를 감안하여 금융회사들이 금융투자협회 시스템에 입력한 금리의 평균이다. 기업 자금조달 시장이 얼어붙어 채권 발행이 아예 안 되면 통계상의 기업 자금조달 금리는 안 오를 수 있다. 실제로는 기업 자금난이 극심함에도 불구하고 참고할 실제 거래가 없어 금융회사들이 이전 금리를 전산에 그대로 입력하기 때문이다. 2020년 3월에 실제로 이러한 이유로 극심한 자금난에도 불구하고 채권금리는 오르지 않았다. 이런 상황에서는 금리보다 기업들의 채권 발행액 규모에 주목하는 것이 맞다.

▶ 코로나19 경제충격과 같이 급격한 기업활동의 위축이 우려될 때에는 기업의 매출액 증가율, 수출 증가율, 가동률 등 활동성 지표를 중시해야 한다.

정부와 채권단 주도의 좀비기업 수술이 점점 어려워지고 있음을 인정해야 한다.

▶ 과거 기업들이 대부분의 자금을 은행 대출로 조달하던 때에는 은행 등 채권단 주도의 구조조정이 쉬웠다. 하지만 기업들이 금융시장에서 직접 회사채, 기업어음 등을 팔아 자금 조달하는 경우가 많아지면서 이해 관계자도 많아지고 채무를 한꺼번에 조정하기가 훨씬 어려워졌다.

▶ 채권단 공동관리(자율협약), 워크아웃(기업개선작업) 등 기존 기업구조조정 방식의 변화가 필요하다. 정부 및 채권단이 주도하는 기업구조조정보다는 민간 및 자본시장이 주도하는 기업구조조정을 활성화해야 한다.

기업구조조정에 있어 민간의 역량과 자본을 보다 적극적으로
활용해야 한다.

▶ 기업구조조정의 성패는 전문성, 신속성, 독립성에 달려 있다. 대규모 기업구
조조정의 대표적인 성공 사례로 언급되는 2009년 미국 GM 구조조정 사례
를 참고할 필요가 있다. 세계 1위 자동차 기업이던 GM은 글로벌 금융위기
충격으로 2009년 6월 파산보호를 신청했다. 미국 오바마 행정부는 즉시 월
가 출신 재무 전문가 스티븐 래트너Steven Rattner, 파산 관련 전문가 론 블룸
Ron Bloom 등 14명의 전문가로 구성된 태스크포스task force를 구성해 구조
조정의 전권을 맡겼다. 연간 생산능력을 1,700만 대에서 1,000만 대 수준으
로 감축하고, 8개였던 브랜드를 4개로 줄이고, 14개 공장을 폐쇄하는 구조
조정 계획이 승인되는 데 3개월밖에 걸리지 않았다. 결정이 내려지는 동안
외부개입은 차단되었고, 미국 재무부와 미 연준은 이러한 틀을 짜고 구조조
정에 소요되는 자금을 공급하는 역할에 주력했다. 그 결과, 미국 GM은 바로
다음 해인 2010년 흑자 전환에 성공했고, 상장 폐지된 지 1년 5개월 만에
뉴욕 증시에 복귀했다.

▶ 우리나라 역시 그동안 정부, 국책은행, 시중은행 등이 주도해왔던 기업구조
조정 활동에 전문성과 경험을 갖춘 전문가들, 자금력을 갖춘 민간자본 등을
얼마나 적극적으로 도입하고 활용하는가에 향후 기업 구조조정의 성패가
달려 있다.

4

소득 양극화 확대

코로나 고용충격 '저소득층'에 집중된다

- 코로나19로 인한 고용충격은 저소득층에 집중되고 있고, 그 결과 저소득층과 고소득층의 소득 격차는 확대되고 있다.

- 코로나19로 인해 언택트 트렌드와 4차 산업혁명의 도입이 가속화 되면서 향후 소득 양극화는 더욱 확대될 것이다.

- 소득 양극화 확대는 소비와 투자를 위축시키고 사회적, 정치적 불 안정성을 키워 그 나라의 경제성장에 악영향을 미친다.

"일반적으로 경제가 어려울 때 최악의 상황에 있는 국민들이 위기로 더 큰 고통을 겪습니다. 이번에는 코로나19로 인한 셧다운으로 더 악화됐습니다. 위기 때문에 실직한 대표적인 사람들이 식당 종업원입니다."

— 폴 크루그먼Paul Krugman, 뉴욕시립대 교수,

2008년 노벨경제학상 수상자

코로나19 이후에 소위 뜬 용어가 '비대면', 일명 '언택트untact'다. '언컨택트uncontact', '온라인online'이라고도 부른다. 쇼핑, 외식, 교육, 의료는 물론이고, 생산이나 근로활동 등 거의 모든 분야에서 코로나19 이후 세상을 규정 지을 메가트렌드 앞에 이 단어가 붙고 있다. 핵심은 감염에 대한 공포 때문에 사람과 접촉하지 않거나 접촉을 줄이는 것이다. 물론 이전에도 있었던 트렌드지만 코로나19 이후 가속도가 붙었다. 이러한 변화 속에서 많은 기회와 위험이 생길 것이다. 우려되는 점은 그 변화의 영향이 '소득 계층별'로 매우 다르게 나타날 것이라는 점이다.

식당과 가게에서 종업원이 사라진다

2020년 경험한 고용시장 상황은 향후 본격화될 언택트로 인한 고용충격의 예고편일 가능성이 높다. 코로나19 감염에 대한

공포와 강력한 사회적 거리 두기 정책으로 사람들의 경제활동이 급격히 위축되면서 당연히 고용시장에도 충격이 발생했다. 우리나라에서 코로나19 감염자가 급증했던 2020년 3월 우리나라 전체 취업자 수는 전년 동월 대비 19만 5,000명이나 줄어들었다. 평상시에 전년 동월 대비 취업자 증가 수가 평균 30만 명 전후 수준임을 감안하면 '고용충격'이었다.

그런데 이를 업종별로 나누어 살펴보면, 유독 몇몇 업종에 고용충격이 집중되었음을 알 수 있다. '숙박 및 음식점업'과 '도매 및 소매업', 이들 두 업종에서 줄어든 취업자 수만도 27만 7,000명으로 전체 취업자 수 감소보다 많았다. 숙박 및 음식점업과 도매 및 소매업은 대표적인 '대면접촉 서비스업'이다. 사람들이 오프라인 여행, 외식, 쇼핑을 줄이면서 대면접촉 서비스업을 중심으로 고용충격이 발생한 것이다.

우리나라에서 코로나19가 재확산되었던 2020년 8월과 9월에도 이러한 현상은 재연되었다. 2020년 8월과 9월에 전체 취업자 수는 전년 동월 대비 각각 27만 4,000명, 39만 2,000명 줄어들었는데, 숙박 및 음식점업과 도매 및 소매업에서 줄어든 취업자 수는 각각 34만 5,000명, 43만 2,000명에 달했다. 이는 앞으로 '언택트 소비 트렌드'가 고착화되면서 온라인 엔터테인먼트, 온라인 음식배달, 온라인 쇼핑 등이 더욱 활성화된다면 이들 업종의 고용충격이 일시적 현상이 아닐 가능성을 시사한다.

이러한 대면접촉 서비스업은 평균 임금이 낮다. 높은 기술이나 많은 경험을 필요로 하지 않는 경우가 많기 때문이다. 2019년 고용노동부 조사에 의하면, 우리나라 전체 근로자의 평균 시간당 임금총액은 2만 573원이었다. 그러나 도매 및 소매업 종사 근로자의 경우에는 1만 8,635원으로 평균보다 낮았다. 특히, 숙박 및 음식점업 종사 근로자의 경우 1만 1,306원으로 모든 업종들 중에서 가장 낮았다. 이를 감안하면 이들 업종에 종사하는 근로자의 경우 상대적으로 저소득층일 가능성이 높다. 우리나라 가구의 경우 근로소득이 전체 소득의 2/3나 차지하기 때문이다. 이는 코로나19로 인한 고용충격 및 그로 인한 소득 감소 충격이 저소득층에서 더 크게 나타날 수 있음을 의미한다.

코로나19로 인한 고용충격의 또 다른 특징은 임시직과 일용직 위주로 취업자가 크게 줄었다는 점이다. 2020년 3월, 4월, 5월 각각 우리나라 전체 취업자 수가 전년 동월 대비 19만 5,000명, 47만 6,000명, 39만 2,000명 줄어들 때, 임시 및 일용 근로자는 59만 3,000명, 78만 2,000명, 65만 3,000명 줄었다. 전체 취업자 감소 수보다 훨씬 많다. 경기가 급격히 위축된 상황에서 임시직과 일용직 근로자들이 상대적으로 해고 등 고용 조정이 용이했기 때문으로 보인다.

2019년 기준 비정규직 근로자의 시간당 임금총액이 정규직 근로자의 70% 수준임을 감안하면 상용직에 비해 임시직과 일용직 근로자 중 저소득층이 많을 가능성이 높다. 이는 임시직과 일용직 위주로 취업자가 급감하게 되면 저소득층에서 소득 감소

충격이 크게 나타날 수 있음을 시사한다.

실제로 코로나19로 인한 근로소득 감소 충격은 고소득층보다 저소득층에서 훨씬 크게 나타났다. 통계청의 가계동향조사 결과에 의하면, 2020년 1분기 소득 상위 20% 가구의 근로소득은 전년 동기 대비 2.6% 증가한 반면 소득 하위 20% 가구의 근로소득은 3.3% 감소했다. 2020년 2분기에는 소득 상위 20% 가구의 근로소득도 전년 동기 대비 4% 감소했지만 소득 하위 20% 가구의 근로소득은 18%나 급감했다.

언택트가 저소득층 위협한다

코로나19와 같은 보건위기는 과거 경제위기들에 비해 우리나라뿐만 아니라 전 세계적으로도 저소득층을 더욱 힘들게 할 가능성이 높다. 2020년 2분기에 미국과 유럽에서 코로나19 감염을 막기 위해 강력한 경제 봉쇄 조치, 즉 셧다운(shutdown, 상점이나 식당 등 상업시설 운영을 중단하는 폐쇄)과 락다운(lockdown, 사람의 이동을 제한하는 봉쇄)이 시행되는 동안에도 가장 큰 타격을 입은 업종은 식당, 호텔, 상점 등 대면접촉 서비스업이었다. 식당의 서버, 호텔의 메이드와 벨보이, 상점의 판매원 등 저소득층이 많이 종사하는 일자리들을 중심으로 실업자가 대거 발생했기 때문이다.

특히, 미국 및 유럽과 같은 서구국가들은 우리나라보다 이들 저소득층의 갑작스러운 실직과 소득단절이 사회불안으로까지 이어질 가능성이 매우 높다. 이들 국가에서는 월급이 아니라 주급으로 급여를 받는 경우가 많다. 주거 방식도 자가주택 거주가 아니라면 대부분 매달 임대료를 내는 월세(렌트) 형태다. 또한 주급을 받는 많은 이들의 전형적인 소비 패턴은 급여를 받는 즉시 월세를 내고 일주일 동안 먹을 식료품을 구입하고 나머지를 일주일 동안 소비하는 방식이다. 그렇다 보니 저축이 많지 않은 저소득층의 경우, 실직은 바로 즉각적인 주거 불안과 굶주림 문제를 유발할 가능성이 높다. 미국과 유럽의 경우 단기적인 실업자 수 증감에 경제가 즉각적으로 반응하고 시위, 폭동 등 사회불안으로까지 이어지는 것은 이 때문이다.

이러한 저소득층의 경제적 어려움은 앞으로 더욱 가중될 가능성이 높다. 코로나19는 대면접촉 위주의 서비스업에서 사람을 온라인 또는 셀프 주문 시스템, 무인 판매점 등으로 대체하는 중요한 계기가 될 것이다. 사람과의 접촉을 줄임으로써 감염을 피하고 싶은 소비자들과 이들에 대한 매출을 유지하거나 늘리고 싶어 하는 판매자들의 노력이 이러한 흐름을 뒷받침할 것이다. 시작이 어렵지 막상 해보니 어렵지 않고 해볼 만하다는 인식이 확산될 가능성이 높다. 생산에 있어서도 기업들은 전염병에 취약한 사람보다는 감염 우려가 없는 로봇, 드론, 자동생산 설비 등을 더 많이 사용하려 할 것이다. 단 1명의 근로자만 감염되더라도 공장 전체가 폐쇄되는 것을 경험한 결과다. 결국, 코로나19로 확산되는 '언텍트 트렌드' 속에서 재산이 많지 않고 근로소득에 대한 의존도가 높은 저소득층이 큰 타격을 입을 전망이다.

고소득층은 노동소득도 자본소득도 늘어난다

반면 고소득층은 별로 타격을 안 받거나 도리어 수혜를 입을 수도 있다. 고소득층의 비중이 높은 지식노동자들은 셧다운 또는 락다운과 같은 경제적 봉쇄기간 동안에도 원격근로, 재택근무 등으로 소득에 타격을 덜 받았다. 영국 옥스퍼드대와 스위스 취리히대 공동 연구팀이 2020년 상반기에 미국과 영국의 근로자 8,000명을 대상으로 조사한 결과가 이를 보여준다. 2019년 연소득이 2만 달러 미만이었던 근로자들은 16%가 실직한 반면, 연소득이 5만 달러 이상이었던 근로자들은 7%만 실직했다. 이때 연소득이 2만 달러 미만이었던 근로자들은 39%만 재택근무가 가능했지만, 연소득이 5만 달러 이상이었던 근로자들은 66%가 재택근무가 가능했다.

향후 언택트 트렌드가 확산될수록 이를 기술적으로 뒷받침하는 4차 산업혁명은 더욱 가속화될 것이다. 4차 산업혁명이 중시되면 이와 연관된 프로그래머, 공학자, 네트워크 관리자 등은 근로소득이 늘어날 가능성이 높다.

　더욱이 코로나19 충격 극복 과정에서 주요국들이 대거 돈을 푼 결과, 주식과 부동산 등 자산가격이 급등할 가능성이 높아지고 있다. 이 경우 자산이 많았던 고소득층의 자산은 더욱 늘어날 전망이다. 프랑스 경제학자 토마 피케티^{Thomas Piketty}의 저서 《21세기 자본》에 따르면, 지난 3세기에 걸쳐 주요국 20개국 이상에서 소득 양극화와 소득 불평등은 심화되어 왔다. 피케티는 고소득층이 재산을 통해 벌어들이는 '자본소득'이 저소득층이 일을 통해 벌어들이는 '노동소득'보다 빠르게 늘어났다고 분석했다.

　실제로 미국의 경우 1970년대 이후 국민소득 중 상위 10%가 차지하는 비중이 빠르게 높아졌다. 특히 글로벌 금융위기로 저소득층은 큰 타격을 입었지만 정작 금융위기의 주역이었던 월스트리트의 고소득층들은 금융위기 이후 더욱 소득이 늘어난 결과, 2011년에는 '월스트리트를 점령하라'는 구호 아래 대규모 시위가 벌어졌다. 결국, 이러한 흐름에 더해 코로나19는 향후 전 세계적으로 소득 양극화와 소득 불평등을 더욱 심화시킬 전망이다.

소득 양극화는 어떻게 경제성장률을 떨어뜨리나

소득 양극화가 심화되면 경제 전체의 소비는 위축될 가능성이 높다. 한국은행의 분석에 의하면, 소득 하위 20%는 소득이 100만큼 줄면 소비를 112.5만큼이나 줄인다. 즉 저소득층은 소득이 줄면 소득감소분보다 소비를 더 많이 줄인다는 것이다. 반면, 소득 상위 20%는 소득이 100만큼 늘면 소비를 61.8밖에 늘리지 않는 것으로 나타났다. 즉 고소득층은 소득이 늘더라도 늘어난 소득만큼 소비를 늘리지 않는다는 것이다. 글로벌 금융위기 이후 우리나라는 전체 가계 소득에서 소득 하위 계층이 차지하는 소득의 비중이 줄어들었다. 한국은행은 전체 가계의 소비성향, 즉 벌어들인 소득 중에서 소비하는 비중이 하락한 것에 이러한 소득 양극화가 영향을 미쳤다고 분석했다.

반면, 소득 양극화가 투자에 미치는 영향에 대해서는 의견이 엇갈린다. 투자가 늘어 경제성장률이 높아진다는 주장과 그렇지 않다는 주장이 동시에 존재한다. 전통적으로 경제학에서는 고소득층의 소득이 늘면 투자가 늘어 경제성장률이 높아진다는 주장이 오랫동안 받아들여져 왔다. 고소득층은 저소득층에 비해 벌어들인 돈 중에서 쓰지 않고 남겨서 저축하고 투자하는 성향이 높다는 이유다. 반면, 소득 양극화가 심화되면 소득 재분배 정책에 대한 요구가 높아지고 고소득층에 대한 세금이 늘어 고소득층과 자본가들이 주도하는 투자가 줄어든다는 주장도 있다.

그러나 소득 양극화가 심화되면 경제성장률이 낮아진다는 데에는 경제학 내에서 의견의 일치가 이루어진 편이다. 그 나라 인적자본의 축적, 가령 교육수준, 노동 숙련도 등에 악영향을 미치기 때문이다. 가령, 대학 등 고등교육을 받는 비용이 높은 상황에서 소득 양극화가 심화되면 가난하지만 능력 있는 저소득층은 교육을 통해 인적자본의 질을 높이기 어려워지고 이러한 현상들이 경제성장에 부정적 영향을 미치게 된다. 특히 한 국가의 경제발전 단계가 높아질수록 경제성장에 있어서 물적 자본보다 인적 자본의 축적이 중요해지기 때문에 그 부정적 영향은 더욱 커진다.

스페인독감 이후 전체주의와 공산주의가 득세한 이유

소득 양극화의 또 다른 부정적 영향은 사회적, 정치적 불안정성을 키운다는 점이다. 소득 양극화가 심화되면 사회적 불만과 갈등이 고조된다. 반면, 정부에 대한 저소득층의 신뢰, 고소득층의 부패에 대한 통제, 엄정하고 공평한 법 집행에 대한 믿음 등은 저하된다.

그런 면에서 코로나19 이후 미국과 유럽에서 발생했던 폭동과 약탈 사태는 구조적인 인종차별과 함께 셧다운으로 인한 경제적 어려움이 저소득층을 중심으로 커진 결과로 볼 수 있다. 미국의 경우 코로나19로 인한 흑인 사망률은 백인 사망률의 2.7배에 달했다. 전체 실업률이 급등하는 가운데서도 백인보다 흑인의 실업률이 더 빠르게 상승했다. 이렇게 사회적 불안정성이 지속되면 그 나라의 정치적, 제도적 질이 떨어진다. 정치적, 제도적 질의 저하가 그 나라의 경제성장에 큰 영향을 미친다는 것은 이미 경제학 실증 분석으로 입증된 바다.

역사적으로도 저소득층이 어려워지면서 심화된 소득 양극화는 극단적이거나 포퓰리즘적인 정치 세력의 득세로 이어진 사례가 많았다. 유럽 삭소뱅크^{Saxo Bank}의 스틴 야콥슨^{Steen Jakobsen} 최고투자책임자는 "코로나19와 유사한 글로벌 팬데믹이었던 1910년대 스페인독감 이후 유럽에서 전체주의와 공산주의가 득세했다."라고 지적한다.

이번 코로나19 경제충격 상황에서도 많은 나라의 정치인들이 '포퓰리즘성 정책'을 앞다투어 내놓고 있다. 2016년 당초 예상을 뒤엎고 영국이 브렉시트 결정을 내릴 때도, 미국에서 트럼프가 대통령으로 당선될 때도 그 배경에는 외국 이민 노동자의 유입, 글로벌 자유무역, 공장의 해외 이전 등으로 생활이 어려워진 저소득 근로자 계층의 누적된 불만이 자리 잡고 있었다. 향후 우리나라에서 소득 양극화로 인해 나타날 수 있는 사회적, 정치적, 제도적 변화들과 그것이 경제성장에 미칠 악영향에 주목해야 하는 이유다.

내가 하는 일이 온라인과 기계로 대체되기 쉽다면 '위기'다

주거용 부동산과 상업용 부동산 가격이 차별화될 가능성이 높다.

▶ 사람들에게 있어 집이 점점 중요해지고 있다. '홈오피스', '홈에듀케이션', '홈 트레이닝' 추세가 강화될 것이다. 더 많은 사람이, 더 오랜 시간을 집에서 보 내면서 집에서 일하고, 놀고, 배우고, 운동할 것이다.

▶ 내가 오래 머물고 내게 중요해질수록, 지불할 수 있는 금액은 커진다. '집콕 생활'의 활성화는 주거용 부동산의 가격상승 요인이 된다.

▶ 오프라인 사무실, 상점, 식당, 극장, 공연장, 학원, 헬스클럽의 방문 빈도와 필요성이 줄어들 것이다. 온라인이 제공하지 못하는 차별적인 효용과 만족 도를 제공하지 못하거나 사람들이 모이는 집적효과가 크지 않은 곳에 위치 한 상업용 부동산들은 어려움을 겪을 가능성이 높다.

지금 하고 있는 일이 온라인, 시스템, 기계로 대체되기 쉽다면 '위기'다.

▶ 대체가 쉬울수록 가까운 미래에 소득 감소, 일자리 상실 상황이 발생할 것이다.

▶ 주변을 잘 살피면 변화의 속도가 보인다. 은행 지점과 대형마트 점포가 사라지고, 식당의 셀프 주문기기, 마트의 셀프 결제기기가 늘어날수록 긴장해야 한다.

코로나19 상황에서도 내가 하고 있는 일이 온라인, 시스템, 기계의 도움으로 잘 돌아가고 있다면 '물음표'다.

▶ 다니고 있는 직장이 원격근로, 재택근무, 생산 자동화 설비 등을 잘 갖추어 놓아 코로나19가 심각해져도 견딜 가능성이 높음을 의미한다.

▶ 그러나 이런 대비를 미리 한 직장이라면 앞으로 그 수준을 더욱 고도화하려 할 것이다. 그 변화 안에서 내가 하는 일이 늘어날 것인지, 줄어들 것인지를 살펴야 한다.

내가 하고 있거나 하려는 일이 온라인, 시스템, 기계를 만드는 것이라면 '기회'다.

▶ 미래 진로를 결정해야 할 청소년 또는 학생들이라면 학과 및 직업 선택 시 이러한 세상의 변화를 반드시 고려해야 한다. 창업, 재취업을 준비하거나 앞두고 있는 청장년층 역시 마찬가지다.

자영업자 또는 기업은 '소득 양극화가 가져올 새로운 기회'에 주목해야 한다.

▶ 고소득층을 대상으로 한 프리미엄 제품과 서비스의 중요성이 커진다. 프리미엄 제품일수록 범용 제품에 비해 이익률이 높아 수익성 개선에 도움이 된다.

소득 양극화 완화를 위한 정책들이 사회적, 정치적 불안정성을 완화하고 제도의 질을 높이는가를 살펴야 한다.

▶ 투자의 주체인 기업들과 외국인 투자자들이 가장 무서워하고 싫어하는 것이 불안정성과 불확실성이다. 소득 양극화 완화를 위한 정책들이 사회적 및 정치적 불안정성과 불확실성을 높일 경우 경제 전체적으로 득보다 실이 커질 수 있다.

▶ 정책, 공약 등이 포퓰리즘적인 성향을 띠기 시작한다면 위험신호다. 국제신용평가사와 외국인 투자자들은 우리나라와 같은 신흥국을 판단할 때 정부에 대한 신뢰, 재정의 건전성을 유지하려는 노력, 정책의 예측 가능성을 매우 중시한다.

5

코로나 세대 출현

'20대 실업'의 악영향 평생 간다

- 실업을 넘어 구직활동 자체를 포기하는 청년들이 급증하고 있다. 구조적인 취업난에 코로나19 충격까지 더해지면서 긴 '취업빙하기'가 이제 막 시작된 것일 수 있다.

- 20대 시기 실업의 악영향은 평생 지속된다. 부모를 포함한 가족 전체의 빈곤화를 초래하고, 소비 위축 및 출산율 저하 등을 통해 국가 경제에도 악영향을 미친다.

- 우리나라 '코로나 세대'의 경제적 고통과 경제에 미칠 악영향은 과거 일본의 '잃어버린 세대'나 우리나라의 'IMF 세대'를 넘어설 가능성이 높다.

2019년 12월 16일 일본 도쿄 지방법원에서는 중년 니트족 아들
(44)을 살해한 구마자와 히데아키(76) 전 농림성 차관에 대한 1심
재판이 열렸다. 도쿄에서 오랫동안 히키코모리(은둔형 외톨이) 생
활을 한 아들은 얼마 전 고향으로 돌아와 부모에게 폭력을 휘둘
렀다. 아들이 자신들 부부와 다른 사람들을 해칠까 걱정한 구마
자와 씨는 결국 아들의 목숨을 끊었고, 법원은 늙은 아버지에게
6년형을 선고했다.*

위 사건은 현재 일본이 직면한 '잃어버린 세대' 문제를 보여
주는 비극적 사례다. 아버지가 농림성 차관까지 지낸 전직 고위
관료라는 점과 함께, 아들이 은둔형 외톨이 생활을 하던 40대
중년 니트족이었다는 점에서 이슈가 되었다.

1970년부터 1982년 사이에 태어나 대학을 졸업할 무렵 일본
버블 경제의 붕괴를 맞았던 세대. 제대로 된 일자리를 얻지 못
하고 아르바이트와 같은 저임금 일자리를 전전하다가 경기가
회복된 후에도 기업들로부터 외면받았던 세대. 중년이 되자 '일
하지 않고 일할 의지도 없는 중년 무직자'라는 뜻의 '중년 니트
(NEET, Not in Education, Employment or Training)족'이라 불리
는 세대. 바로 1990년대 일본의 버블 붕괴가 낳은 '잃어버린 세

• 2019년 12월 26일, 〈조선일보〉 기사

대'다. 그리고 지금 우리나라에서는 코로나19로 인해 또 다른 '한국판 잃어버린 세대'가 출현할 가능성이 높아지고 있다.

20대가 고용시장에서 가장 큰 타격을 입고 있다

코로나19로 인한 고용충격 상황에서 20대 청년층이 가장 큰 타격을 입고 있다. 상대적으로 청년층이 많이 종사하던 서비스업이 코로나19로 인한 사회적 거리 두기 등으로 직격탄을 맞은 영향이 컸다. 또한 청년들은 비정규직 비중이 높고 기술이나 업무 숙련도도 낮아 기업들이 어려워질 때 먼저 고용 조정의 대상이 되고 있다. 노조 등에 가입되어 있는 기존 인력의 조정보다는 신규 채용 인원의 조정이 더 쉬운 것이 현실이다. 결국, 경기 부진 및 고용 위축 상황에서 20대 청년층은 '상대적 약자'인 셈이다.

이러한 현상은 코로나19 초기부터 구체화되고 있다. 우리나라 20대의 경우 해당 연령대 인구 중 일하고 있는 취업자의 비율인 '고용률'이 50%대 중반 수준에 불과하다. 반면 30대, 40대, 50대의 경우 이 비율은 70%대 중반 수준이다. 중장년층은 약 3/4이 일하고 있는 반면, 20대는 절반 정도만이 일하고 있는 셈이다.

20대의 경우 이렇게 낮은 고용률마저 코로나19 이후 전체 연령대 중 가장 큰 폭으로 떨어졌다. 코로나19로 인한 고용충격이 반영된 2020년 3월부터 9월까지 20대의 고용률은 전년 동월 대비 평균 2.6%p 낮아졌다. 특히 대졸자들이 주로 속한 연령대인 25~29세의 경우 고용률의 평균 하락 폭은 3.2%p에 달했다. 반면 30대, 40대, 50대의 경우 고용률의 평균 하락 폭은 각각 1.1%p, 1.5%p, 1.5%p였다. 즉 코로나19로 인한 20대의 고용률 하락 정도는 중장년층의 2~3배에 달했다.

실업보다 구직활동 포기가 더 문제다

그런데 실업률을 살펴보면 다른 흐름이 나타난다. 고용률이 가장 큰 폭으로 떨어진 20대의 실업률은 중장년층에 비해 악화되지 않았다. 2020년 3월부터 9월까지 20대의 실업률은 전년 동월 대비 평균 0.1%p 하락했다. 반면 30대의 경우 해당 기간 평균 실업률은 변화가 없었고, 40대와 50대의 경우 각각 0.3%p와 0.5%p 상승했다. 고용충격의 강도가 컸는데도 불구하고 실업률이 높아지지 않은 것은 무엇 때문일까?

답은 '구직활동의 포기'에 있다. '실업률'은 일할 의사를 가지고 '구직활동을 한' 사람들 중에서 취업을 못한 사람들의 비중이다. 따라서 일할 의욕을 잃어버리고 구직활동조차 포기해버린 사람들은 실업률 계산에서 아예 빠져버린다. 그래서 최근과 같은 상황에서는 '경제활동참가율'을 살펴봐야 한다. 일을 할 수 있는 15세 이상 인구 중에서 '경제활동인구'가 차지하는 비중이다. 경제활동인구는 실제로 일을 하고 있는 '취업자'와 일할 의사를 가지고 구직활동도 했지만 일자리를 구하지 못한 '실업자'의 합이다. 따라서 일할 의사를 잃어버리고 구직활동을 하지 않는 사람들이 늘어나면 경제활동참가율은 하락한다.

20대의 경우 이러한 경제활동참가율이 모든 연령대 중에서 가장 빠르게 하락했다. 2020년 3월부터 9월까지 20대의 경제활동참가율은 전년 동월 대비 평균 3%p 낮아졌다. 특히 25~29세의 경우 하락 폭은 3.6%p에 달했다. 반면 30대, 40대, 50대의 경우 경제활동참가율의 평균 하락 폭은 각각 1.2%p, 1.2%p, 1.1%p였다. 즉 코로나19 이후 20대의 경제활동참가율 하락 정도는 중장년층의 3배에 달했다.

우려되는 부분은 정부의 고용동향 조사에서 별다른 이유 없이 그냥 '쉬었음'이라고 응답한 20대가 급증하고 있다는 점이다. 취업이나 구직활동 등 경제활동을 하지 않고 비경제활동인구로 남아 있는 이유는 육아, 가사, 재학, 수강, 연로 등 다양하다. 그러나 육아, 가사의 경우 자녀 세대의 양육 등을 통해 간접적이지만 장기적으로 경제에 큰 기여를 하고 있는 셈이다. 재학, 수강 등의 경우도 인적 자원의 수준을 높여 이후 경제의 성장 잠재력 제고에 도움이 된다. 그러나 '쉬었음'이라고 응답한 사람들은 말 그대로 '그냥 쉰 것'으로서 직접적이건 간접적이건 생산적인 경제활동을 전혀 하고 있지 않은 이들이다.

코로나19 이후 '쉬었음'이라고 응답한 20대의 숫자는 전년 동월 대비 20~30%대 늘어난 수준이 지속되고 있다. 이는 얼어붙어 버린 고용시장 상황에 일자리를 구하려는 노력조차도 포기해버린 20대 청년층이 급증하고 있음을 의미한다. 구직활동을 포기하면 나중에라도 취업할 가능성이 낮아진다는 점에서 매우 우려되는 현상이다.

지금 대졸자들은 '엎친 데 덮친 상황'이다

일본의 잃어버린 세대의 또 다른 이름은 '취업빙하기 세대'다. 이들이 겪었던 혹독한 취업빙하기는 1990년대 초중반부터 무려 10년 동안이나 지속되었다. 우려되는 것은 현재 우리나라 20대가 직면한 고통스러운 고용 위축 상황이 코로나19로 시작된 기나긴 '취업빙하기의 시작'에 불과할 수 있다는 점이다.

우리나라의 많은 주요 기업들이 아직까지는 신입사원 채용 자체를 취소하거나 규모를 축소하기보다는 시기를 미루거나 온라인 채용 등으로 대체하고 있다. 하지만 향후 코로나19가 장기화되거나 경기 침체가 길어질 가능성이 높아지면 기업들의 대응도 달라질 것이다. 채용 연기가 아니라 채용 축소로 대응할 가능성이 높아진다. 앞서 일본의 잃어버린 세대의 경우에도 청년 고용 상황은 버블이 붕괴되었던 1991년보다 수년 뒤인 1990년 대 중반에 더욱 악화되었다. 일본 기업들이 경기불황 장기화 가 능성을 인식하고 이를 채용에 본격적으로 반영하는 데 수년의 시차가 있었던 셈이다. 청년층 입장에서도 경기 변동에 따른 일 시적인 고용 위축이라면 취업 시기를 늦추거나 교육을 더 받는 식으로 대응할 여지가 있다. 하지만 경제위기 장기화 및 장기 저 성장에 따른 고용 위축이라면 대응하기가 훨씬 어려워진다.

설령 수년 후에 경기가 다소 호전되더라도 그동안 어려움을 겪던 청년층의 취업난이 해소될 것이라고 기대하기도 어렵다. 우선 그 시점에 대학을 막 졸업하고 취업시장에 나오는 후배들 에게 '나이 경쟁력' 면에서 밀릴 가능성이 높다. 또한 수년간 누 적된 취업 대기자들로 인해 취업 경쟁률은 현재보다 훨씬 높을 것이다. 이는 마치 대학 입시에서 재수생, 삼수생들이 늘어나면 그다음 해 대입 경쟁률이 치솟는 것과 비슷하다.

지금 한창 대학을 졸업하고 취업시장에 나오고 있는 20대 중 후반 세대는 사실 코로나19가 아니었더라도 다른 세대에 비해 취업경쟁이 치열했을 가능성이 높은 세대다. 1980년대에 정부 가 추진하던 '한 자녀 낳기' 출산 정책이 풀리면서 1990년대 들 어 갑작스럽게 출산이 늘어났다. 그 결과, 1991년부터 1995년까 지의 출생아 수는 매년 70만 명을 넘었다. 반면, 이들의 직전 세대인 1984년생부터 1990년생까지 세대와 직후 세대인 1996년 생 이후 세대는 연간 출생아 수가 매년 60만 명대에 그쳤다. 결국, 이미 자기들끼리의 치열한 취업경쟁이 예정되어 있던 세대에 코로나19로 인한 고용충격까지 더해진 셈이다.

20대 실업의 악영향은 평생 지속된다

청년기에 겪는 장기적인 실업의 악영향은 단지 실업기간 동안의 소득 상실에 그치지 않는다. 장기적이고 지속적인 저임금, 이후의 높은 실업 가능성 등 평생에 걸쳐 부정적인 영향을 준다. KDI는 첫 취업이 1년 늦어지면 이후 10년 동안의 임금이 연평균 4~8% 낮아진다고 분석했다. 한국은행은 20대에 높은 실업률을 경험한 세대는 이후에도 다른 세대에 비해 더 높은 실업률을 겪는다고 분석했다.

이러한 현상들을 설명하는 것이 '상흔효과scarring effect'다. 경제위기, 경기침체 등 어려운 시기에 사회에 진출하는 사회초년생들이 구직에 실패하는 기간이 길어지면 장기간의 실업이 마치 '흉터'처럼 남는다. 이후 경제가 회복되더라도 기업들은 그들을 경쟁력 없는 인력으로 간주한다. 그 결과, 취업에 어려움을 겪거나 취업에 성공하더라도 저임금 일자리를 얻고 다시 실업에 빠질 위험성이 높은 상황이 지속된다. 청년기의 장기 실업은 기업에 부정적인 신호로 작용하기도 하지만 실제로도 당사자의 능력 향상을 저해한다. 실업기간 동안 일을 통해 얻을 수 있는 기술, 지식, 경험을 쌓을 기회를 놓치게 되기 때문이다. 데이비드 블랜치플라워David Blanchflower 미국 다트머스대 교수는 "20대에 실업난을 겪으면 그 피해는 평생 지속된다. 미래의 실업 가능성을 높이고 소득 잠재력을 손상시킨다."고 말했다.

일본의 잃어버린 세대가 그 증거다. 버블 붕괴 직전 4% 수준이던 일본의 청년 실업률은 취업빙하기에 10% 수준까지 높아졌다. 취업에 성공한 청년들은 저임금을 감수해야 했다. 1993년 이전 10년간 40% 올랐던 임금은 이후 10년간 6% 오르는 데 그쳤다. 더불어 일자리의 질도 낮아졌다. 청년층의 비정규직 비중은 1990년 21%에서 2005년 48%까지 높아져 고용 불안정성이 커졌다. 능력을 쌓을 기회도 적었다. 일본 기업들로서는 인건비 부담을 줄이기 위해 비정규직으로 채용한 청년층을 많은 돈을 들여 교육시킬 유인이 적었다. 중요한 업무는 종신고용 형태의 기존 중견사원들에게 집중되었고 신입 비정규직 직원들에게 중요한 기술이나 기능을 전수해주는 일은 점점 줄었다.

이러한 일본의 잃어버린 세대의 어려움은 시간이 흘러도 크게 나아지지 않았다. 2012년 이후 아베노믹스 시행으로 일본 경제가 다소 살아나면서 거의 모든 연령대 근로자들의 임금이 상승했지만 잃어버린 세대가 속한 40대 초반 근로자들의 임금은 도리어 낮아졌다. 40세부터 44세까지 근로자들의 2015년 임금은

2010년 대비 23%나 하락했다. 반면, 같은 기간 50세에서 54세까지 근로자들의 임금은 21%나 상승했다. 첫 직장을 계속 다니고 있는 근로자의 비율 역시 40대 초반 근로자들만 유독 낮았다. 결국 잃어버린 세대는 경기가 어려울 때뿐만 아니라 경기가 회복되는 시기에조차도 그 혜택에서 소외되는 모습을 보였다.

'잃어버린 세대'는 가족 전체의 문제다

최근 일본에서는 잃어버린 세대 문제가 경제적 이슈를 넘어 사회적 이슈가 되고 있다. 이는 경제적 기회를 잃어버린 한 세대의 출현이, 개인의 문제를 넘어 가족 전체의 문제, 더 나아가 국가 전체의 문제가 됨을 의미한다.

일본의 잃어버린 세대는 이제 40대를 넘어 50대에 접어들고 있다. 그러면서 최근 일본 매스컴에 자주 등장하는 용어가 '8050 문제'다. 잃어버린 세대 중 히키코모리(은둔형 외톨이)가 되었던 자녀가 50대 중년이 되어 80대 고령의 부모에게 얹혀살거나, 안정적 수입이 없는 50대 자녀가 80대가 된 부모를 돌보면서 생기는 문제를 의미한다. 예전에도 이들 세대는 나이 들어서도 부모와 함께 산다고 하여 '파라사이또 싱구르(parasite single, 부모에게 기생하는 독신자라는 뜻)'라고 불린 적이 있었다. 그래도 부모가 건강하고 경제적으로 여유가 있을 때에는 문제가 심각하지 않았다.

그러나 부모도 나이가 들어 은퇴하고 연금에만 의존해 살게 되면서 가족 전체가 빈곤해지고 고립되는 문제가 나타나고 있다. 특히 1940년대 출생자들이 많은 부모 세대의 나이가 80세에 가까워지면서 부모가 사망했는데도 연금이 끊기는 것이 두려워 사체를 집 안에 계속 방치하는 비참한 사건이 빈발하고 있다. 이로 인해 일본에서는 2019년《부모의 '시체'와 사는 젊은이들》이라는 책이 출간되기도 했다.

일본의 잃어버린 세대의 어려움은 이들의 부모 세대뿐만 아니라 다음 청년 세대에도 악영향을 미쳤다. 일본에서는 1980년대 후반부터 1990년대에 태어난 세대를 '사토리 세대'라고 부른다. 이들은 잃어버린 세대가 취업빙하기를 겪던 시기에 유소년기를 보낸 세대다. 일본어로 사토리는 '깨달음' 또는 '득도得道'라는 의미를 지니는데, 사토리 세대는 마치 득도한 것처럼 돈, 출세 등에 관심이 없다.

철이 들 무렵에 바로 위 잃어버린 세대의 극심한 취업난을 지켜보며 자란 결과, 이들은 소극적이고 소비성향이 낮다. 돈이 많이 들고 위험한 해외여행보다는 돈이 적게 들고 안전한 국내 여행, 극단적으로는 자신이 사는 동네 탐방을 선호한다. 연애나 사회생활을 즐기지 않고 운전면허를 따려 하지 않는다. 운전면허가 있어도 운전하려 하지 않고 자동차도 사려 하지 않는다. 일본 정부가 보조금까지 주면서 청년층의 여권, 운전면허 취득

을 돕고 있는 것은 이러한 젊은 세대의 모습이 항공, 여행, 자동
차 등 업계에 심각한 위협이 되고 있기 때문이다.

'한국판 잃어버린 세대'로 남을 수 있다

잃어버린 세대가 중년이 되면서 일본 경제의 소비 위축에 대
한 우려가 커지고 있다. 중년층은 생산활동도 활발하게 하지만
높은 소득을 바탕으로 소비도 왕성하게 하기 때문에 '국가 경제
의 허리'라고 불린다. 그러나 40대가 된 일본의 잃어버린 세대
는 안정적인 소득을 얻거나 부를 축적할 기회를 놓쳐버린 세대
다. 실제로 현재 일본 40대의 소비는 10년 전 40대의 소비에 비
해 약 10% 줄어든 수준이다.

잃어버린 세대의 출현은 일본의 출산율이 낮아지고 인구가
감소세로 전환된 중요한 원인이기도 하다. 잃어버린 세대가 결
혼과 출산을 미루거나 포기하면서 일본의 합계출산율은 계속
낮아져 2005년 1.26명까지 떨어졌다가 취업빙하기가 끝나고 나
서야 하락세를 멈췄다. 합계출산율이란 여성 1명이 평생 낳을
것으로 예상하는 자녀의 수를 말한다. 그러나 이미 2010년부터
줄어들기 시작한 일본 인구는 소비 수요 위축, 노동력 부족 등
을 통해 일본의 경제성장률을 떨어뜨리고 있다. 또한 노인 인구
가 급증하는 가운데 생산가능인구는 감소하면서 노인 부양 부

담이 급증하고 있다. 특히 노후준비를 제대로 하지 못한 잃어버린 세대가 현 상태로 노후를 맞게 되면 사회보장비 지출이 급증할 것이라는 불안감이 커지고 있다.

우리나라의 '코로나 세대'는 앞으로 그들이 겪게 될 경제적 고통과 경제 전체에 미칠 악영향 측면에서 이러한 일본의 '잃어버린 세대'나 우리나라의 'IMF 세대'를 넘어설 가능성이 높다. 이미 '88만 원 세대', 'N포 세대'라고 불리며 오랜 취업난을 겪어 온 우리나라 청년 세대의 구조적 어려움에 코로나19 충격이 더해진 상황이다.

일본과 비교하면 상황은 더욱 나쁘다. 부모 세대가 쌓아놓은 부는 더 적고, 고령화 속도는 더 빠르고, 출산율은 더 낮다. 은퇴한 일본의 부모들은 그나마 연금으로 나이든 자녀와 생활할 수 있었지만, 우리나라 고령자 중 공적연금을 받는 비율은 일본의 1/3에 불과하다. 우리나라의 고령화 속도는 세계 평균의 3배 이상이다. 실제로 65세 이상 고령 인구의 비중은 2045년부터 일본을 넘어 세계 최고가 될 전망이다. 2019년 일본의 합계출산율은 1.36명이었지만, 우리나라의 합계출산율은 0.92명에 불과했다. 여성 1명이 평생 1명의 아이도 낳지 않는 상황이다.

우리나라의 과거 IMF 외환위기와 비교해도 상황은 나쁘다. IMF 외환위기 직후에는 원화 가치 급락에 힘입어 수출이 크게 늘면서 경기가 빠르게 반등할 수 있었다. 덕분에 고용충격이 장기화되지 않았다. 하지만 코로나19 이후에는 크게 늘어난 정부,

기업, 가계 빚의 상환 부담, 글로벌 수요 부진, 무역갈등 심화 등으로 경기 반등세가 약할 것으로 예상되어 고용충격이 장기화될 가능성이 높다. 결국, '코로나 세대'가 '한국판 잃어버린 세대'로 남게 될 위험성은 계속 높아지고 있다.

청년 취업난을
'가족과 국가의 문제'로 봐야 한다

실업률만 보고 청년 고용 상황을 판단하는 것은 잘못된 해석을 낳을 수 있다.

▶ 구직활동을 아예 포기하면서 고용시장에서 이탈하는 20대가 늘어나는 중이라면 실업률보다 고용률, 경제활동참가율, 특히 '쉬었음' 응답자의 숫자 변화에 주목해야 한다. 20대의 고용률과 경제활동참가율이 하락하는 가운데, 구직활동을 멈추고 쉬는 20대가 급증한다면 매우 안 좋은 신호다.

일본의 잃어버린 세대, 사토리 세대와 같은 세대가 우리나라 청년층에 출현하는 것은 기업들에게 심각한 위협이다.

▶ 장기적으로 제품과 서비스에 대한 수요가 위축될 수 있다. 특히 결혼, 출산,

집, 명품, 비싼 내구재(자동차, 가전, 가구 등), 해외여행과 관련된 사업을 하고 있다면 더 긴장해야 한다.

구직활동 중인 청년층이라면 취업준비 기간을 늘릴 때의 손익을 신중하게 따져봐야 한다.

▶ 취업준비 기간을 늘릴 때 반드시 '상흔효과'를 고려해야 한다. 장기간의 실업은 '흉터'처럼 남는다. 기업들은 취업준비 기간이 길었던 구직자에 대해 경쟁력이 낮다고 해석하는 경우가 많다.

신규 채용을 줄이는 기업들은 '중견급 사원 인력난'에 대비해야 한다.

▶ 과거 신규 채용을 줄였던 일본 기업들은 중견급 사원의 인력난을 겪고 있다. 일본의 베이비붐 세대, 일명 단카이 세대(1947~1949년생)가 2012~2015년에 걸쳐 대규모로 은퇴한 영향이 컸다.

▶ 우리나라도 베이비붐 세대(1955~1963년생)의 대규모 은퇴 영향이 조만간 나타날 것이다. 이를 고려한 기업들의 선제적인 채용 전략이 필요하다.

신규 대졸자를 선호하는 채용 관행을 바꾸기 위해 노력해야 한다.

▶ 일본의 이러한 관행이 잃어버린 세대를 만들었다. 대학 졸업 시 취업 기회를 놓친 청년들은 이후 경기 회복 시에도 취업하기 어려웠고, 실업기간이 길어지면서 취업을 아예 포기하게 되었다.

시간이 많지 않다. 부모 세대가 은퇴하기 전에 청년층 고용 상황을 개선시켜야 한다.

▶ 2020년대 중반 정도면 베이비붐 세대인 부모님들 대부분이 은퇴하게 된다. 그 이후에는 상황을 바꾸기 더 어려워질 것이다.

▶ 즉각 대처해야 한다. 일본은 잃어버린 세대에 대한 제대로 된 해법을 내놓지 못한 채 20년을 보내다가 이제는 '8050 문제'를 맞고 있다.

청년 세대의 취업난을 개인의 문제가 아니라 '가족과 국가의 문제'로 인식해야 해법이 보인다.

▶ 최근 우리나라 고용시장에서는 한정된 일자리를 놓고 세대 간에 경쟁하는 양상마저 나타나고 있다. 기성세대가 청년층을 배려한다면 그 출발점은 청년실업을 남의 문제가 아닌 내 가족과 국가의 문제로 인식하는 것이다.

단기적으로 청년 취업자 수를 늘리고 실업률 수치를 낮추는 것이 정책 목표가 되어서는 안 된다.

▶ 공공부문 주도로 단순한 형태의 일을 하는 3개월 또는 6개월 시한의 저임금 일자리를 늘리는 방식의 정책은 지양해야 한다. 투입되는 재정 대비 비효율적이고 나중의 취업을 생각한다면 청년층에게도 큰 도움이 되지 못한다.

청년층과 기업 모두에게 도움이 되는 청년 고용 정책을 민간과 함께 강구해야 한다.

▶ 이력서에 써넣을 수 있는 제대로 된 직무 경험을 원하는 청년층과 코로나 경

제 충격으로 인력 신규 채용이 부담스러워진 기업 양측이 윈윈win-win할 수 있는 청년 고용 정책을 찾아야 한다. 정책당국과 기업의 긴밀한 협업이 필요하다.

변화된 환경에 대응하는 '교육의 변화'가 반드시 수반되어야 한다.

▶ 청년층의 장기 실업 위험성이 높아지는 가운데 4차 산업혁명 도입 가속화 등으로 직무 환경이 급변하고 있다.

▶ 산업구조 변화, 기업들의 인력 수요 변화 등에 대응하여 대학 등 고등교육에도 변화가 필요하다.

▶ 대학 등이 스스로 변화하도록 만드는 방법은 교육 당사자인 학생 및 청년 세대가 학교나 학과 선택에 이러한 부분을 적극적으로 반영하는 것이다. 이러한 고려는 본인들의 미래 준비에도 큰 도움이 된다.

▶ 졸업 후 미취업자에 대한 취업교육 지원이 중요하다. 미래 산업 인력 육성을 위한 교육은 단기적으로는 청년층 실업 대책이지만, 장기적으로는 우리 경제를 위한 산업 정책이다.

경제활동인구 구성

| 15세 이상 인구 |
| 4,475만 6,000명 |

| 경제활동 인구 | 비경제활동 인구 |
| 2,820만 9,000명 | 1,654만 8,000명 |

| 취업자 | 실업자 |
| 2,693만 명 | 127만 8,000명 |

고용률 = 취업자 / 15세 이상 인구
실업률 = 실업자 / 경제활동인구
경제활동참가율 = 경제활동인구 / 15세 이상 인구

자료출처 : 통계청(2020년 5월 기준)

2부

ZERO

현실화되는
우리 경제의 어두운 미래,
'제로 이코노미'

ECONOMY

비록 힘들고 오래 걸리겠지만, 코로나 경제위기는 지나갈 것이다.
완전한 종식의 가능성은 낮지만, 원했건 원치 않았건 변화된 상황에
적응해 가는 모습들은 이미 나타나고 있다.

그렇다면 코로나19 이후의 우리 경제는 어떤 모습일까?
코로나19 이전부터 있었던 경제 성장세 둔화, 인구 고령화,
물가와 금리의 하락 추세가 반전될 수 있을까?
아니면 이러한 기존 흐름들에 '코로나19의 후유증'까지 겹쳐지면서
'일찍이 경험해보지 못한 국면'에 접어들게 될까?

전망은 밝지 않다. 절대 인구수가 줄면서 경제는 쪼그라드는 가운데,
소비 주도 세대가 없는 '소비 협곡' 상황이 2024년경 도래할 전망이다.
기업과 자영업자들의 매출 증가세는 정체된 상황에서도
주택, 주식 등 자산가격은 오를 가능성이 높다.
금리가 제로에 가깝게 떨어질 결과, 은행에 돈을 넣어두면
사실상 손해를 보게 되면서 투자, 노후대비 등이 더욱 어려워질 것이다.
국내외 경제 성장세가 정체된 가운데 기업과 자영업자들의 경쟁은
심화되어 남의 것을 빼앗지 않으면 성장하기 어려운 무한경쟁 상황이 예상된다.
바로 '제로 이코노미'다.

6

제로 출산율 경제

인구 줄면서 '쪼그라드는' 경제

- 세계에서 유일하게 합계출산율이 '0명대'까지 떨어지면서, 1년에 30만 명도 안 태어나는 '쪼그라드는 경제'가 된다.

- 2024년경 소비 주력 계층인 40대 후반 인구가 15%나 급감하면서 소비를 주도할 세대가 없는 '소비 협곡'에 빠진다.

- 생산연령인구가 5년 만에 100만 명이나 줄면서 경제성장률을 떨어뜨리는 가운데, 인구 감소 충격은 지방에 집중된다.

올해 1분기 합계출산율은 0.90명으로 작년 1분기보다 0.12명 감소했다. 1분기 합계출산율이 0명대로 내려간 것은 통계 작성 이후 처음이다. 합계출산율이 2년째 0명대인 국가는 OECD 회원국 중 한국이 유일하다. 출생자 수가 급격하게 줄면서 올해 1분기 인구는 사상 처음으로 자연 감소했다. 출생자 수가 사망자보다 적은 인구의 자연 감소는 작년 11월부터 5개월 연속 이어졌다. 이대로 가면 올해 연간 기준 우리나라 인구가 역대 최초로 감소세로 전환할 전망이다.*

우리나라의 '합계출산율'이 '0명대'까지 떨어졌다. 우리나라 여성 1명이 평생, 좀 더 엄밀하게 말하면 15세부터 49세의 가임 기간 동안 평균 1명의 아이도 낳지 않는다는 의미다. 남자 1명과 여자 1명이 만나 아이 2명을 낳는, 즉 합계출산율이 2명인 상황이면 인구가 줄지 않을 것 같지만 사실 인구 유지를 위해 필요한 합계출산율은 이보다 높은 2.1명이다. 성인이 되기 전에 사망하는 경우도 상당수 있기 때문이다.

우리나라는 '세계 유일'의 합계출산율 0명대 국가다. 합계출산율이 낮다고 아우성인 일본을 비롯해 그리스, 이탈리아, 스페인 등 남유럽 국가들조차도 1.3~1.4명 수준이다. 이들 국가의 합

• 2020년 5월 28일, 〈이데일리〉 기사

계출산율 수준인 1.3명을 '초저출산'이라고 부르는 것과 비교하면, 우리나라는 '초초저출산' 상황인 셈이다.

0명대 합계출산율이 지속되면 한 세대가 지날 때마다 인구가 반 이상으로 줄어드는 '급격한 인구 감소'를 겪게 된다. 친조부, 친조모, 외조부, 외조모 4명의 조부모로부터 아빠와 엄마 2명의 부모가 생겼다면, 손자 또는 손녀는 채 1명도 되지 않는 상황이기 때문이다. 실제로 우리 주변에서 '4명의 조부모를 가진 외동아이'를 보는 것은 그리 어렵지 않다.

실제로 최근 우리나라의 출생자 통계는 발표될 때마다 사상 최저치를 경신하고 있다. 2016년 1분기에 11만 명을 넘었던 출생자 수는 2020년 2분기에는 7만 명에도 못 미쳤다. 불과 4년 만에 태어나는 아기가 40%나 줄어든 것이다.

인구 변동은 운명이다

이처럼 출생자 수가 급감하다 보니 출생자 수보다 사망자 수가 많은 '인구 자연 감소'가 시작되었다. 2019년 11월부터 출생자 수보다 사망자 수가 1,682명 많아졌다. 이후 6개월간 사망자 수는 출생자 수보다 약 1만 4,000명 많았다. 외국으로부터의 인구 유입과 같은 특수한 요인을 제외하면 한국에서 나고 죽는 '토종 한국인'은 이미 줄어들고 있다.

문제는 떨어지는 출산율이 상승세로 반전될 조짐이 보이지 않는다는 점이다. 우리나라의 합계출산율이 1.3명까지 떨어진 것은 벌써 20년 전인 2001년이다. 특히 2017년부터는 하락 속도가 더욱 빨라져 매년 0.1명씩 떨어지고 있다. 우리에 앞서 초저출산 상황을 겪었던 다른 나라들도 이런 것은 아니다. 독일은 1990년대 초반 합계출산율이 1.2명까지 낮아졌지만 최근 1.6명으로 높아졌다. 대표적인 저출산 국가인 일본도 2000년대 초반 1.3명까지 낮아졌던 합계출산율이 더 이상 낮아지지 않다가 최근에는 1.4명으로 소폭 높아졌다.

여기에 코로나19까지 겹쳐지면서 저출산 상황은 더욱 악화될 전망이다. 사회적 거리 두기로 결혼식 등이 차질을 빚으면서 혼인 건수가 크게 줄었다. 코로나19 이후인 2020년 3월부터 7월까지의 혼인 건수는 8만 7,000건으로, 전년 같은 기간 대비 12% 감소했다. 코로나로 인해 고용 상황이 악화되는 가운데 특히 청년층이 더 큰 타격을 입고 있는 것도 부정적 요인이다. 20대 청년층의 어려움이 지속되어 이들이 '한국판 잃어버린 세대'로 남을 경우 결혼과 출산은 더 줄어들 것이다.

더 우려되는 점은 이러한 인구 감소 추세를 반전시키는 것이 매우 어렵다는 점이다. 현재 가임기 여성의 수를 보면 출생자 수를 대략 예측할 수 있다. 또한, 현재 고령자의 수를 보면 사망자 수도 얼추 예측할 수 있다. 특히 전체 인구 중 출생, 사망에 의해 변화하는 인구보다 그렇지 않은 나머지 인구가 훨씬 더 많다. 그래서 장기적인 인구 추이는 한번 방향이 정해지면 급격한 선회가 매우 어렵다. 이를 반영하듯 19세기 사회학자 오귀스트 콩트는 "인구 변동은 운명이다."라고 말했다.

'인구 데드크로스'는 경제 하강 전환의 강력한 신호다

유명한 인구경제학자 해리 덴트Harry Dent는 "인구 구조는 가장 훌륭한 선행지표다. 미래를 보고 싶다면 인구 구조적 추세를 보라."라고 말했다. 실제로 인구는 많은 미래 경제변수들 중에서 예측 오차가 가장 적은 변수다. 즉 인구 추계는 미래예측 가운데 가장 잘 맞는 변수다. 동시에 인구는 경제성장의 핵심 변수이기도 하다. 그래서 경제 전문가들이 특정 국가의 장기 경제성장률을 전망할 때 가장 먼저 보고 가장 중시하는 지표가 인구다. 그런 면에서 출산율 급락과 인구 감소는 향후 우리 경제의 급격한 위축을 시사하는 매우 신뢰할 만한 신호다.

2019년에 우리나라의 연간 출생자 수는 30만 명을 겨우 넘겼다. 출산율 하락 추이를 감안하면 연간 출생자 수는 조만간 30만 명 아래로 떨어질 것이 매우 유력하다. 1970년대에 연간 출생자 수가 100만 명을 넘었음을 감안하면 40년도 지나지 않아 출생자 수가 70% 이상 줄어든 셈이다. 이는 출산, 교육, 결혼, 소비, 생산 등 모든 영역에 있어 한 세대의 숫자가 30만 명도 안 되는

'쪼그라든 경제'가 현실화됨을 의미한다.

이렇게 출생자 수가 급격히 줄면서 사망자 수보다도 작아져 인구가 줄어드는 현상을 '인구 데드크로스^{dead-cross}'라고 부른다. 주식시장에도 데드크로스가 있다. 주가의 단기 이동평균선이 장기 이동평균선을 뚫고 아래로 떨어지는 때를 마찬가지로 데드크로스라고 부른다. 주식시장에서는 이를 약세장으로의 강력한 전환 신호로 해석한다. 국가 경제에서도 마찬가지다. 인구 데드크로스는 그 나라 '경제의 하강 전환을 알리는 강력한 신호'로 봐야 한다.

더욱 우려되는 것은 '저성장과 인구 감소의 악순환'에 빠지는 것이다. 저성장으로 소득이 줄면 출산이 줄고, 출산이 줄어 인구가 줄면 저성장이 심화되는 상황이다. 성장이 멈추고 소득이 늘지 않는 사회에서는 아이를 낳으려 하지 않는다. 청년들이 일자리가 없는 고국을 떠나 일자리를 찾아 해외로 떠난다면 인구 감소 속도는 더욱 빨라진다. 인구가 성장을 지배하는 것처럼 성장이 인구를 지배한다. 이러한 반복적인 악순환에 빠지게 되면 한국 경제는 장기적이고 구조적인 저성장에 빠지고 인구 감소 속도는 더욱 빨라질 것이다.

2024년 '소비 협곡'에 빠진다

앞서 언급한 인구경제학자 해리 덴트는 인구구조에 기반해 각 나라의 경제를 전망하고 이를 이용해 투자 전략을 제시하는 전문가다. 2015년 저서 《2018 인구 절벽이 온다The demographic cliff》 에서 '인구 절벽'이라는 개념을 소개하면서 전 세계적인 유명세를 얻었다. 여기서 '인구 절벽'은 한 나라에서 40대 중후반 연령대의 인구가 줄기 시작하는 때다. 해리 덴트에 의하면 40대 중후반은 개인의 생애주기로 볼 때 평균적으로 돈을 가장 많이 쓰는 시기다. 그는 인구 절벽 이후부터 경제 전체적으로 내수 소비가 정점을 지나고 경제는 하강하기 시작한다고 했다.

이 저서의 한국어판 제목이 《2018 인구 절벽이 온다》였던 것처럼 해리 덴트는 한국의 인구 절벽이 2018년에 시작된다고 주장했다. 그는 미국의 장기 소비 데이터에 기반해 개인들이 평균적으로 돈을 가장 많이 쓰는 시기를 45~49세라고 봤다. 특히 일본의 경우 1949년에 출생자가 가장 많았고, 이들이 47세가 되는 해인 1996년에 일본의 소비 흐름이 정점에 달했고, 이후 꺾이기 시작했다고 주장했다. 이를 한국에 적용하면, 한국은 1971년에 출생자가 가장 많았으므로, 이들이 47세가 되는 2018년 이후 소비가 급격히 위축될 것이라고 예측했다.

우리나라의 실제 소비 흐름만을 놓고 보면 해리 덴트의 주장은 맞아 들어가고 있다. 한국 경제의 민간소비 증가율은 2013년

1.7%에서 계속 상승하여 2018년 3.2%까지 높아진 후 2019년 1.7%로 거의 절반 가까이 하락했다. 그러나 경제 전체의 성장률은 이와 조금 달라서 2017년에 3.2%까지 높아진 후 2019년 2%로 낮아졌지만 이는 반도체 슈퍼사이클과 같은 수출 측면의 영향이 크게 반영된 결과로 보인다.

이러한 분석 틀에 기반하여 향후 우리 경제의 소비 추이를 전망해보면, 우리나라는 2024년에 '소비 협곡consumption canyon'에 빠질 것으로 전망된다. 소비 협곡은 향후 10년 이내에 가장 큰 폭의 소비 위축이 나타날 것으로 예상되는 시기를 의미한다. 통계청에 의하면 우리나라의 45~49세 인구는 2018년 456만 명으로 정점에 달한 후 2024년 386만 명으로 급격하게 줄어든다. 즉 2018년부터 2024년까지 6년 정도의 기간에 걸쳐 소비 주축 계층인 40대 후반 연령대가 15%나 급감하는 것이다. 이후 잠시 증가세로 돌아서 2028년 411만 명까지 늘어난 후 지속적으로 줄어든다.

공교롭게도 2024년은 1955~1963년 사이에 태어났던 우리나라 베이비부머 세대의 은퇴가 마무리되는 시기이기도 하다. 또한 현재 20대 청년층은 코로나19로 인해 실업이 장기화될 위기에 처해 있다. 청년층은 취업을 못 하고, 중년층은 숫자가 급감하고, 장년층은 은퇴를 맞는 시기가 겹친 셈이다. 결국, 2024년경에 우리나라는 소비를 주도할 세대가 없는 가운데 내수 소비가 크게 위축되는 소비 협곡에 빠질 가능성이 높다.

생산연령인구 감소는 경제위기와 함께 온다

40대 중후반 소비 주축 계층의 감소보다 더 우려되는 것은 15세부터 64세까지 '생산연령인구'의 감소다. 생산연령인구는 소비와도 밀접한 관계를 지니지만, 생산에 있어 중요한 노동력의 척도이기 때문이다. 장기적으로 생산연령인구의 감소는 결국 노동력 부족을 야기해 그 나라 경제성장률을 떨어뜨린다. 생산하는 인구의 감소는 결국 국가 전체가 생산하는 재화와 서비스 총량의 감소로 이어질 가능성이 높기 때문이다. 대부분의 경제전망 기관들과 국제기구들이 향후 우리나라의 잠재성장률이 점차 낮아질 것이라고 예상하는 주된 이유도 우리나라 생산연령인구의 감소다.

출산율 급감으로 우리나라의 생산연령인구는 이미 2018년에 정점을 찍었다. 3,765만 명까지 늘어난 이후 계속 줄어드는 중이다. 문제는 그 줄어드는 속도가 너무 빠르다는 점이다. 통계청은 생산연령인구가 2018년 이후 2023년까지 5년 동안 약 100만 명, 2028년까지 10년 동안 약 300만 명 감소할 것으로 추산했다. 5년 만에 감소 속도가 2배로 빨라지는 셈이다. 그 결과, 전체 인구 중 생산연령인구가 차지하는 비중은 2019년 세계 9위인 72.7%에서 2055년에는 세계 최저인 50.1%로 낮아질 전망이다.

이처럼 생산연령인구가 급감한다고 해서 심각한 실업 문제가 완화될 것이라고 기대하기도 어렵다. 도리어 소비가 위축되면서 생산 조정 및 고용 축소로 인해 실업률이 높아질 수도 있다. 실제로 우리에 앞서 생산연령인구가 감소했던 OECD 국가들을 살펴보면, 생산연령인구 감소 이후 4년간 실업률은 평균 3%p 높아졌다.

이처럼 생산연령인구 감소 이후 도리어 실업률이 높아졌던 또 다른 이유는 생산연령인구 감소가 경제위기와 함께 오는 경우가 많았기 때문이다. 1990년대 초에 버블 경제가 붕괴했던 일본은 1995년부터 생산연령인구가 감소하기 시작했다. 2010년대 초에 재정위기가 발생했던 그리스는 2013년부터 생산연령인구가 감소하기 시작했다.

이들 국가의 경우, 생산연령인구 증가세 둔화와 관련된 수요 감소, 생산 위축, 재정악화 등이 경제위기 요인으로 작용했다. 주택 구입 연령대 인구가 줄면서 주택 수요가 줄어 부동산 가격이 하락했다. 내구재 구입 연령대 인구가 줄면서 제품 수요가 줄어 경기가 둔화되었다. 세금을 납부하는 청년 인구는 감소하는 반면, 재정 지원을 받는 고령 인구는 증가하면서 재정적자는 늘고 국가부채는 급증했다. 숫자가 줄어드는 청년층보다 수명이 늘어난 노년층의 정치적 영향력이 커지면서 재정 및 연금 개혁은 미뤄졌다. 이런 요인들이 복합적으로 작용한 결과, 생산연령인구 감소와 경제위기가 겹쳐지는 경우가 많았던 것으로 보인다.

인구 감소 충격은 지방에 집중된다

영국 옥스퍼드대학 인구문제연구소의 데이비드 콜먼^{David} ^{Coleman} 교수는 "한국은 저출산으로 지구상에서 소멸되는 첫 번째 국가가 될 것"이라고 전망한 바 있다. 출산율 하락을 그대로 방치한다면 2100년 한국의 인구는 2,000만 명으로 줄어들고, 2300년이 되면 사실상 소멸 단계에 들어가게 될 것이라는 무서운 경고였다. 그러나 '한국 소멸'보다 훨씬 먼저 현실화될 것으로 예상되고, 이미 일부 현실화되기 시작한 것은 '지방 소멸'이다. 즉 **인구 감소로 인한 충격은 우리나라 안에서도 지방에 더 크게 나타날 전망이다.**

조짐은 이미 가시화되고 있다. 통계청은 2020년 우리나라의 수도권 인구(2,596만 명)가 사상 처음으로 비수도권 인구(2,582만 명)보다 많아질 것으로 추산했다. 우리나라 전체 면적의 12%에 불과한 서울, 인천, 경기의 인구가 우리나라 전체 인구의 절반을 넘을 것으로 전망한 것이다. 50년 전인 1970년에 수도권 인구(913만 명)는 비수도권 인구(2,312만 명)의 40%에 불과했다. 특히, 호남권과 영남권은 상황이 더욱 심각하다. 전체 인구에서 차지하는 비중도 줄고 있지만 절대 인구 숫자도 2015년부터 줄고 있기 때문이다.

국가 전체의 인구 감소 리스크가 커지는 가운데 남은 인구마저 대도시가 빨아들이는 현상에 대한 우려는 일본에서 먼저 제기되었다. "일본 기초자치단체의 절반이 2040년에는 소멸될 것"이라는 경고가 제기된 것이다. 여기서 말하는 '소멸'이란 인구가 제로가 되는 상황은 아니고, 인구가 절반 이하로 줄어들어 지방자치단체가 정상적인 기능을 수행하기 어려워지는 상황을 의미한다.

이러한 지방 소멸 현상은 일본보다 우리나라에서 더 뚜렷하게 나타나고 있다. 일본은 도쿄가 아니더라도 오사카·교토, 나고야, 후쿠오카 등 지방의 거점도시들은 그나마 인구가 늘고 있다. 하지만 우리나라는 수도권에 속한 인천 이외의 모든 광역시의 인구가 수도권으로의 인구 유출로 인해 줄고 있다. 범수도권으로 분류되는 충청권의 인구도 수도권과 비슷하게 늘고 있는 것을 감안하면, 오직 수도권의 인구만 늘어나는 '일본보다도 심한 인구 집중'인 셈이다. 한국고용정보원의 분석에 의하면, 2020년 4월 기준 전국 228개 시군구 중 46%에 달하는 105곳이 소멸 위험 지역으로 분류되었다.

이러한 수도권으로의 인구 유입을 20대가 주도하고 있고, 직업과 교육이 주된 전입 사유인 점을 감안하면, 수도권 인구 집중과 지방 인구 감소 현상은 앞으로도 지속될 가능성이 높다. 이러한 현상이 장기화될 경우 수도권을 제외한 모든 지방이 인구 감소로 인해 심각한 위기에 처하게 될 것이다.

2024년 '소비 협곡' 시기가
우리 경제의 '보릿고개' 될 수 있다

한 국가의 미래를 예측하려면 '인구'를 봐야 한다. 1년 뒤는 틀려도, 10년 뒤는 맞다.

▶ 많은 경제학자가 인구통계를 궁극적인 장기 선행지표로 본다. 인구경제학자 해리 덴트는 "인구통계학은 경제의 근본적인 추세, 몇 년 앞이 아니라 수십 년 앞을 내다볼 수 있게 해주는 궁극적인 수단이다."라고 말한다.

▶ 인구와 특히 밀접한 관계를 지닌 경제지표는 소비다. 수십 년 후의 소비 추이와 경제 상황을 예상할 수 있게 해주는 가장 강력한 단일 지표는 인구다.

▶ 특정 국가에 대한 진출 또는 투자를 결정할 때, 그 나라의 인구를 중시해야 한다. 특히 공장 건설, 채권 투자와 같은 '장기투자'라면 더욱 그렇다. 실제로 많은 기업과 투자자들이 해외 소비시장 진출을 결정하거나 생산공장 건설

을 검토할 때 가장 먼저 살피는 것이 해당 국가의 인구 구조와 향후 변화 방향이다.

▸ 장기적으로 유럽이나 일본 경제에 비해 미국 경제를 더 좋게 보는 중요한 이유도 인구다.

2024년 '소비 협곡' 시기가 우리 경제의 '보릿고개'가 될 수 있다.

▸ 코로나 이후 적어도 5년 이상은 세계 경제의 저성장세가 예상된다. 보호무역주의 심화, 미중 갈등 지속, 기술 패권 경쟁 등으로 글로벌 교역은 성장률보다 더 위축될 가능성이 높다. 수출이 부진한 가운데 내수 소비마저 크게 둔화된다면 '우리 경제의 두 기둥'이 흔들리는 셈이다.

▸ 이처럼 민간 부문의 경제활동이 위축된 상황에서 급증한 국가부채 때문에 정부마저 제대로 돈을 쓰지 못한다면 '경기 급락을 지탱할 부문이 없는 상황'을 맞을 수 있다.

일본을 보고 앞으로 닥칠 인구 감소의 충격을 예단하면 안 된다. 우리가 겪을 충격은 일본보다 훨씬 더 클 것이다.

▸ 일본은 장기간의 대규모 경상수지 흑자로 벌어들인 막대한 부를 해외에 많이 저축해두었다. 은퇴한 노인들이 신흥국에 투자해놓은 돈으로 여유롭게 지내는 셈이다. 많은 분야에서 산업 경쟁력이 약화되었지만, 동남아에서 오토바이를 부르는 대명사가 '혼다'일 정도로 기존에 구축해 놓은 브랜드 파워가 여전히 강력하다. 우리와 비교하기 어렵다.

▸ 고령화 속도가 세계 평균의 3배 이상일 정도로 한국은 세계에서 가장 빠르

게 늙고 있다. 한국의 65세 이상 고령 인구 비중은 2045년이면 37%로 높아져 세계 1위 고령 국가인 일본의 36.7%를 넘어설 전망이다.

인구 감소로 인한 변화와 충격은 '어느 날 갑자기' 다가올 것이다.

▶ 가령, 우리나라 전체 학생 수가 감소하더라도 특정 학교의 학생 수가 일시에 제로가 되는 것은 아니다. 부담스럽고 논란이 될 수 있는 학교 폐교 또는 인력 감축은 최대한 미루어질 가능성이 높다. 상당 기간 동안은 학급당 학생 수를 줄이거나 학년당 학급 수를 줄이는 식으로 대응할 가능성이 높다.

▶ 그러나 장기적으로 학생 감소 추세가 지속된다면 학교 폐교 또는 교사 감축 등의 결정은 불가피하다. 이러한 결정과 변화는 연속적이 아니라 불연속적 또는 단절적으로 이루어질 것이다.

청년이 줄어도 취업은 더 어려워질 수 있다. 앞으로 어느 전공과 직종에서 사람이 더 필요하고, 덜 필요할 것인가를 가능한 한 일찍부터 고려해야 한다.

▶ 사람 수가 줄지만 '필요한 사람 수도' 줄 것이다. 국내 기업들의 해외 생산 확대와 함께 무인화, 자동화 등 기술의 발전 방향을 고려해야 한다. 수명이 늘고 건강 상태가 좋아지면서 노년층의 노동시장 잔류 및 귀환도 늘고 있다.

▶ 지금의 고용시장을 잘 살펴보면 도움이 된다. 지금 구인난을 겪고 있는 전공과 직종에서는 앞으로도 상당 기간 구인난이 지속될 가능성이 높다.

▶ 노동시장의 초과 수요 또는 초과 공급이 해소되는 데에는 생각보다 시간이 오래 걸린다. 교육과 기술 습득을 통해 필요한 인력이 양성되는 데에는 시간

이 필요하다. 사람이 남아도는 산업의 구조조정이나 잉여 인력의 타업종 전환은 시간이 더 필요하다.

인구의 수도권 집중이 심화될 때에는 국가 전체보다 지역별 인구, 지역별 주택가격 상승률 등 세부 통계를 더 자세히 봐야 한다.

▶ 취업, 교육, 의료, 문화 등 많은 부분에서 '집적화'가 주는 효과가 점점 더 커지고 있다. 수도권과 대도시로 사람이 점점 더 몰리는 것은 비단 우리나라만의 현상이 아닌 글로벌 트렌드다.

▶ '총량의 함정', '평균의 함정'에 빠지지 않아야 한다. 우리나라 전체 인구 변화만 보면 특정 지역의 인구 급감이 보이지 않는다. 우리나라 평균 주택가격 상승률만 보면 특정 지역의 주택가격 상승 또는 하락이 보이지 않는다. 총량이나 평균만 보고 상황을 판단하거나 정책을 실시할 위험성이 점점 더 커지고 있다.

▶ 이럴 때일수록 인구 감소로 인한 영향을 예측할 때에는 구체적인 시뮬레이션을 지역별로 해야 한다.

인구 감소와 수도권 집중 현상이 결합되면 장기적으로 주택시장에 큰 충격을 줄 수 있다.

▶ '빈집 공포'가 확산되는 일본의 경우 철도교통을 통해 도쿄 도심에 1시간 이내에 도달할 수 있는가의 여부에 따라 빈집 발생율 및 주택가격 변화에 큰 차이가 나타났다.

▶ 향후 우리나라도 철도교통망에의 접근성, 도심까지의 접근 시간이 주택 선

택, 주택가격 변화에 점점 더 중요한 변수가 될 것이다.

기업은 제품과 서비스의 프리미엄화 및 해외 소비시장 진출이 중요해진다. 장기적으로는 인력 부족 상황에 대비해야 한다.

▶ 원래 규모도 크지 않았던 우리나라 내수 소비시장은 인구 감소로 인해 향후 더욱 위축될 가능성이 높다. 많이 팔지 못한다면 프리미엄화를 통해 제값 받고 파는 것이 중요해진다.

▶ 기업이 성장할수록 국내 시장에만 의존한다면 성장의 한계를 빨리 맞게 된다.

▶ 오랜 저출산의 결과로 일본은 이미 기업들의 구인자 수가 노동시장의 구직 자 수를 크게 상회하고 있다. 특히 국내 경제의 저성장이 장기화되고 심화된 다면 이탈리아, 그리스 등 남유럽 국가들처럼 국내 우수 인력들이 해외로 유 출될 수 있다.

인구를 증가세로 반전시키려 하기보다 감소 속도를 늦추거나 인구 감소 사회에 어떻게 적응하고 대응할 것인가를 고민하는 것이 더 현실적일 수 있다.

▶ 가능성은 매우 낮지만 설령 출산율이 상승세로 반전되더라도 향후 상당 기 간 인구 감소는 피하기 어렵다. 오랜 기간 낮아졌던 출산율로 인해 향후 가 임 여성도 줄어들 것이라서 인당 출산율이 다소 높아지더라도 전체 출산아 수는 갑자기 늘기 어렵다.

▶ 커다란 변화라도 긴 기간에 걸쳐 점진적으로 진행된다면 대응하고 적응할 수 있다. 반면 동일한 변화라도 짧은 기간에 압축적으로 진행된다면 커다란

충격이 될 수 있다. 그런 면에서 세계 최고 수준인 우리나라의 인구 감소 속도를 늦추기 위해 노력해야 한다.

인구 문제는 돈으로 해결되지 않을 가능성이 높다. 젊은 세대가 왜 결혼과 출산을 포기하거나 기피하는가를 이해하는 것이 출발점이다.

▶ 직접적인 출산장려정책 예산 및 지출을 늘리는 것이 해답이 아닐 수 있다. 출산장려금 액수를 늘리고 난임치료 시술비 지원대상을 확대해도 효과가 제한적이라는 것은 이미 확인되었다.

▶ 주거비, 교육비 등 경제적 부담을 줄여주는 것은 단지 최소한의 필요조건일 가능성이 높다. 제도만 도입되었을 뿐 실제로는 육아와 일의 병행에 비우호적인 사회 분위기, 성공으로 인식되는 선택지가 한정된 가운데 경쟁을 유도하는 교육과 취업 시스템, 내 자녀 세대가 나보다 잘 살 수 있을 것이라는 기대가 사라진 비관적 미래 전망 등이 바뀌지 않는다면 상황은 달라지지 않을 것이다.

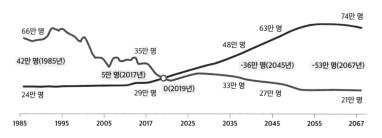

━━ 출생 ━━ 사망 ▨▨ 자연증가

자료출처 : 통계청, '장래인구특별추계: 2017~2067년'

7

제로 물가 상승률 경제

경기는 안 좋은데 자산가격은 오르는 경제

- 식비, 집값 등이 급등하면서 '체감물가 상승률'은 매우 높지만, 전반적인 제품과 서비스 가격 변화를 반영하는 공식적인 '지표물가 상승률'은 매우 낮다.

- 이처럼 많은 기업과 자영업자들이 제품과 서비스 가격을 올리지 못하는 상황은 경기 부진의 결과지만 동시에 향후 경기를 더욱 부진하게 만드는 원인이 된다.

- 막대한 돈을 풀었음에도 실물경기는 살아나지 않고 있지만, 이 때문에 돈은 더 풀릴 것으로 보여 부동산, 주식 등의 가격이 오르는 '자산 인플레'가 예상된다.

"지금 상황이 인플레이션으로 이어질 것이란 말이 많은데, 우리 (미 연준)가 보고 있듯 디스인플레이션이 세계적으로 나타나고 있다. (중략) 최소한 연말까지는 긴급처방을 계속 써야 할 것이다. 경제를 회복시키기 위해 우리가 보유한 모든 수단을 쓰겠다."

— 제롬 파월Jerome Powell, 미 연준 의장

2020년 7월 미 연준의 통화정책결정회의 이후 미 연준 의장이 기자회견에서 한 말이다. '인플레이션inflation'은 물가가 올라 물가 상승률이 상승하는 상황이다. 반면, '디스인플레이션disinflation'은 물가가 오르지 않아 물가 상승률이 매우 낮은 수준에 머무는 상황이다.

이상하게 들릴 수 있다. 코로나19 경제충격을 완화하기 위해 엄청난 돈을 풀고 나서 물가가 안 올라서 걱정이라고 말한 셈이기 때문이다. 그리고 이런 상황에 대응하여 코로나19에 대응한 '긴급처방', 즉 제로 금리, 양적완화와 같은 '돈 풀기'를 상당 기간 유지하겠다고 말한 것이다.

가볍게 들을 수 없는 발언이다. '미 연준 의장'이 한 말이기 때문이다. 우리로 따지면 한국은행 총재에 해당하는 미국 중앙은행의 수장이다. 그 영향력 면에서 미 연준 의장은 국제금융시장의 대통령에 비유된다. 지나가듯 흘린 이야기도 아니다. 전 세계 언론과 금융시장이 단어 하나하나에 촉각을 곤두세우는 미 연준의 금리 결정 회의, 즉 '통화정책결정회의' 이후 공식 기자회견에서 한 이야기다.

물가가 안 오르는 것을 걱정하는 '인플레이션 파이터'

제롬 파월 의장의 이 발언에 대해 다음과 같은 3가지 측면에 주목해야 한다.

첫째, 대규모로 돈을 풀었는데도 불구하고 물가가 오르는 것이 아니라 '물가가 오르지 않는 것'에 대해 걱정했다. 코로나19에 대응하여 미 연준은 전례 없는 속도로 막대한 돈을 풀었다. 2020년 2분기에 미 연준이 푼 돈은 연준의 보유자산 증가액 기준으로 2조 5,000억 달러, 우리 돈으로 약 3,000조 원에 달했다. 글로벌 금융위기 당시 20분기나 걸려서 풀었던 돈을 단 1분기, 즉 3개월 동안에 푼 것이다. 이렇게 돈을 많이 풀고 나면 대개 중앙은행들은 물가가 오르는 것을 걱정한다. 중앙은행들이 오랫동안 '인플레이션 파이터inflation fighter'라 불렸던 이유다.

둘째, 디플레이션이 아니라 '디스인플레이션'을 언급함으로써 물가가 하락할 가능성이 낮다고 봤다. '디플레이션deflation'은 물가가 아예 떨어지는, 그래서 물가 상승률이 마이너스인 상황이지만, 디스인플레이션은 물가 상승률이 낮기는 해도 플러스인 상황이다. 코로나19 이후 미국이 막대한 돈을 풀자 이후 물가 움직임과 관련하여 매우 상반된 2가지 전망이 동시에 제기되었다. 한쪽은 돈이 많이 풀렸으니 돈값이 떨어져 물가가 오를 것이라는 '인플레이션 전망'이다. 다른 한쪽은 돈이 많이 풀렸지만 경기는 더 안 좋아지고 물건에 대한 수요는 줄어 물가가 떨어질 것이라는 '디플레이션 전망'이다. 결국 미 연준은 이 중 어느 한쪽의 손도 들어주지 않은 셈이다. 대신 '물가가 떨어지는 것도 아니지만 오르지도 않는 디스인플레이션 상황'이 나타나고 있으며 향후에도 그 가능성이 높다고 전망한 것이다.

셋째, 미 연준 의장의 발언치고는 이례적으로 '매우 분명'했다. 대개 중앙은행 수장들은 향후 통화정책에 대해 명확하게 이야기하지 않는다. 돈을 더 풀겠다는 것인지, 안 풀겠다는 것인지, 알 듯 모를 듯 애매하게 이야기한다. 중앙은행이 앞으로 어떻게 할 것인지 너무 명확하게 밝히면 이에 반응해 금융시장이 너무 과열되거나 반대로 너무 위축될 수 있기 때문이다. 그런데 파월 의장은 왜, 그리고 언제까지 완화적인 통화정책을 유지할 것인지까지 매우 명시적으로 밝혔다. 이는 미 연준이 '물가가 오르지 않는 상황'을 매우 심각하게 받아들이고 있음을 보여준다.

경기가 나빠 물가가 안 오르면 경기는 더 나빠진다

물가가 너무 오르면 분명 문제가 되겠지만, 물가가 안 오르면 뭐가 문제인가? 물가가 안 오르거나 도리어 물가가 떨어져 물건값이 싸지면 좋은 것 아닌가? 그런데 왜 미 연준은 물가가 오르지 않는 상황을 걱정할까?

물건값이 오르지 않거나 싸지면 좋다는 것은 '소비' 측면만 고려할 때의 이야기다. 소비는 소득이 뒷받침되어야 한다. 근로자 소득의 주된 원천은 임금, 자영업자 소득의 주된 원천은 영업이익이다. 그런데 지속적으로 그리고 전반적으로 물건들의 가격이 오르지 않고 심지어 떨어지기까지 한다면 근로자들이 받는 임금, 자영업자들이 벌어들이는 영업이익은 늘기 어렵다. 내가 일하는 기업, 내가 하는 사업의 매출과 이익도 늘지 않거나 줄어들 가능성이 높아지기 때문이다. 물론 제품이나 서비스의 단가가 오르지 않더라도 더 많이 팔아서 매출을 늘릴 수도 있다. 하지만 물건의 가격을 올리지 못하고 심지어 낮추어 팔기까지 해야 할 정도로 경기가 안 좋다면 더 많이 팔기도 어렵다.

이러한 상황은 기업과 자영업자들에게 매우 커다란 위협이다. 그래서 제품과 서비스의 가격을 앞으로 올리기 어렵거나 심지어 낮춰야 한다고 예상되면 기업들은 이러한 '비관적 전망'을 반영하여 근로자들의 임금을 동결하거나 투자와 고용을 줄인다. 특히 기업들에게 이익감소보다 더 위협적인 것이 매출감소다. 이익은 줄어도 사업 유지가 가능하지만, 매출이 줄면 생산, 고용 등 사업 규모 자체를 줄여야 하기 때문이다. 가계도 앞으로 임금이 오르지 않거나 일자리를 잃을 수도 있다고 예상되면 이러한 '비관적 전망'을 반영하여 소비를 늘리지 않거나 줄인다.

오르지 않는 물가로 인한 비관적 전망 때문에 기업의 투자와 가계의 소비가 위축되면 경기는 실제로 나빠진다. 앞으로 경기가 안 좋아질 것이라는 경제 주체들의 예상이 향후 경기를 실제로 안 좋게 만드는 것이다. 결국, 오르지 않는 물가는 '경기 부진으로 인한 수요 위축의 결과'이지만, 동시에 투자와 소비 수요를 위축시켜 '경기를 더욱 부진하게 만드는 원인'도 된다. 따라서 소비뿐만 아니라 생산, 매출, 임금, 고용 등 경제의 다른 측면들까지 종합적으로 고려한다면 물건값이 오르지 않거나 낮아지는 현상은 좋아할 것이 아니라 도리어 걱정해야 하는 현상일 수 있다.

'0%대 물가 상승률'에 동의하지 못하는 이유

파월 미 연준 의장이 "디스인플레이션이 세계적으로 나타나고 있다."고 말한 것처럼 매우 낮은 물가 상승률은 미국만의 현상이 아니다. 코로나19 이후 주요국 대부분의 물가 상승률이 크게 낮아졌다. 2020년 4월부터 9월까지 전년 동월 대비 소비자물가 상승률의 평균은 미국 1.3%, 중국 0.9%, 독일 0.8%, 일본 0.3%, 한국 0.6%였다.

사실 우리나라에서는 코로나 이전부터 이미 '0%대 물가 상승률'이 일상화되고 있었다. 2013년 이후 연간 소비자물가 상승률은 한국은행이 목표로 삼는 2%를 넘은 해가 없었다. 2015년에는 연간 소비자물가 상승률이 1%에도 못 미치는 0.7%를 기록했다. 2019년부터 2020년 상반기까지 1년 반 동안 전년 동월 대비 월별 소비자물가 상승률의 평균은 0.4%였다. 특히, 상품 물가 상승률의 평균은 0.1%, 공업제품 물가 상승률의 평균은 0%에 불과했다. 상품의 경우에는 18개월 중 9개월, 공업제품의 경우에는 18개월 중 14개월의 물가 상승률이 마이너스였다. 상품 물가는 308개 품목, 공업제품 물가는 231개 품목을 대상으로 조사한 결과임을 감안하면, 물건값이 거의 오르지 않는 현상이 광범위하게 발생하고 있는 셈이다.

그러나 여기서 분명 많은 이들이 이의를 제기할 것이다. "물가 상승률이 0%대라고? 물가가 얼마나 많이 올랐는데? 도대체 장 보러 혹은 외식하러 나가보지도 않은 것인가? 물건 몇 가지만 집어도 금방 몇만 원인데?"

이는 '지표물가와 체감물가의 괴리' 때문이다. 앞서 언급한 소비자물가와 같이 통계청이 조사해서 공식적으로 발표하는 '지표물가'와 소비자들이 느끼는 '체감물가' 사이의 괴리가 매우 큰 것이다. 지표물가의 정의와 측정 방법은 명확하고 객관적이다. 우리나라 소비자물가는 통계청이 선정한 주요 상품 및 서비스 460개의 가격을 지수화한 것이다. 여기에 '가계동향조사'라는 서베이를 통해 파악된 가계의 월평균 소비지출액에서 각 품목이 차지하는 비중을 가중치로 적용한다.

　반면, 체감물가는 이름 그대로 개개인마다 다르게 느끼는 주관적인 물가다. 체감물가에는 몇 가지 특징이 있다. 첫째, 물가 하락보다 물가 상승에 민감하다. 물가가 떨어지면 조금 떨어졌다고 느끼고 물가가 오르면 많이 올랐다고 느낀다. 둘째, 반드시 살 수밖에 없고 자주 사는 품목의 물가가 오를수록 체감물가는 많이 오른다. 가령 먹거리 가격, 교통비, 교육비 등이 이에 해당한다. 셋째, 통계청의 물가 조사대상 품목이 아닌 항목의 가격이 올라도 체감물가는 상승한다. 대표적인 것이 주택가격이다. 집값이 오르면 사람들은 물가가 올랐다고 느끼지만 사실 집값은 소비자물가 조사대상이 아니다.

　문제는 우리나라의 경우 지표물가 상승률은 낮지만 체감물가에 영향을 크게 미치는 농축수산물 가격, 집값 등이 많이 올랐다는 점이다. 2020년 들어 9월까지 전년 동월 대비 소비자물가지수 상승률의 평균은 0.6%였지만, 농축수산물 가격 상승률은 5.1%에 달했다. 같은 기간 전국 주택매매가격 상승률은 2.7%였고, 특히 서울은 5%에 달했다. 그러나 지표물가 산정 시 이러한 품목들은 포함되지 않거나 포함되어 있더라도 전체 지수에서 차지하는 비중이 작다. 농축수산물은 전체 소비자물가지수에서 차지하는 비중이 7.7%에 불과하다. 그 결과, 지표물가 상승률은 매우 낮지만 물가가 거의 오르고 있지 않다는 사실에 동의하기 어려운 사람들이 많은 것이다.

잠재 GDP에 계속 못 미치는 실제 GDP

그렇다면 앞으로는 물가가 오를까? 결론부터 이야기하면, 우리나라 물가는 앞으로도 상당 기간 오르지 않을 전망이다. 물론 국제 유가, 농수산물 가격 급등과 같은 공급 측면 요인 때문에 관련된 품목들을 중심으로 물가가 오를 수도 있다. 그러나 경제 전반의 물건과 서비스에 대한 수요가 늘어나 광범위한 품목들의 물가가 지속적으로 오르는 상황이 발생할 가능성은 낮다. 경기 부진이 지속되고 경제 성장세가 둔화됨에 따라 가격을 끌어올릴 정도로 물건과 서비스에 대한 수요가 늘어나기는 어려워 보이기 때문이다.

한 나라 경제의 실제 활성화 정도를 '실제 GDP'가 반영한다면, 그 나라의 제품과 서비스에 대한 공급 능력은 '잠재 GDP'가 반영한다. '잠재 GDP'는 그 나라가 보유한 노동력, 자본 등 생산 요소를 가지고 '정상적으로' 달성할 수 있는 GDP 수준이다. 여기서 '정상적'이라 함은 실제 생산 능력에 비해 너무 많이 생산함으로써 물가상승, 금리상승 등과 같은 부작용을 일으키지 않는 상황이다.

이러한 실제 GDP와 잠재 GDP에 기반하여, 경제의 실제 활성화 정도가 달성 가능한 활성화 정도에 비해 어느 정도인가를 보여주는 지표가 'GDP 갭gap'이다. 예를 들어, 잠재 GDP가 100조 원인 경제의 실제 GDP가 90조 원이라면 GDP 갭은 -10%이다. 이는 실제 GDP가 잠재 GDP에 못 미치는 정도가 잠재 GDP의 10%에 달한다는 의미다.

우리나라의 경우 실제 GDP가 잠재 GDP에 못 미치는 상황이 오랜 기간 이어지고 있다. OECD의 분석에 의하면, 우리나라의 GDP 갭은 2013년 이후 지속적으로 마이너스 상태였고, 그 정도는 2013년 -0.3%에서 2019년 -2.1%로 커졌다. 이처럼 실제 GDP가 잠재 GDP에 못 미치는 경기 부진 상황에서는 물가가 오르기 어렵다. 실제로 우리나라의 연간 소비자물가 상승률은 2012년 2.2%를 마지막으로 한국은행의 목표 수준인 2%에 계속 못 미쳤다.

주목할 대목은 이러한 상황이 앞으로도 상당 기간 지속될 가능성이 높다는 점이다. OECD는 코로나19 발생 직전에 발표했던 2019년 11월 경제전망에서 우리나라의 마이너스 GDP 갭이 2020년 -2.3%, 2021년 -2.4%로 더욱 확대될 것으로 예상했다. 그런데 여기에 코로나19로 인한 경제충격까지 더해졌으니 향후 우리나라의 마이너스 GDP 갭은 이보다 더욱 확대될 가능성이 높아졌다. 경기가 회복세로 전환되어 마이너스 GDP 갭이 축소되고 더 나아가 플러스 GDP 갭으로 전환되어야 의미 있는 물가 상승 압력이 나타날 것임을 감안하면, 우리나라는 향후 상당 기간 저물가 상황이 이어질 가능성이 높다.

살아나지 않는 경기 때문에 '돈은 더 풀린다'

경기 부진으로 인한 낮은 물가 상승률은 완화적인 통화정책의 근거가 된다. 물가상승에 대한 우려가 크지 않다면 정책금리 인상 등을 통해 풀린 돈을 거둬들일 필요성이 줄어든다. 반면 부진한 경기는 돈을 더 풀어야 하는 혹은 이미 풀린 돈을 거둬들여서는 안 되는 근거가 된다. 많은 돈을 풀었지만 실물경기는 살아나지 않고 물가 상승률도 여전히 낮아 돈을 더 푼다면 결국 '금융과 실물의 괴리 현상'은 더욱 심화될 것이다.

코로나19 경제충격에 대응하는 과정에서 전 세계적으로 전례 없는 규모와 속도로 돈이 풀렸다. 중앙은행 보유자산 증가액 기준으로 미국, 유로존, 일본 등 3개 주요국 중앙은행들이 푼 돈은 2020년 2분기에만 3조 7,000억 달러, 우리 돈 약 4,400조 원에 달했다. 돈이 많이 풀렸던 글로벌 금융위기 때조차도 이 정도 돈을 푸는 데 15분기가 걸렸음을 감안하면, 얼마나 많은 돈이 얼마나 빠른 속도로 풀렸는지 알 수 있다.

우리나라에서도 코로나19 이후 한국은행이 많은 돈을 풀었다. 한국은행이 시중에 공급한 돈에 해당하는 '본원통화'의 전년 동월대비 증가율은 2019년 말 11.3%에서 2020년 6월 말 20.2%로 2배 가까이 높아졌다. 현금통화, 요구불예금, 수시입출식예금의 합계인 '협의통화'(M1)*의 증가율은 같은 기간 동안 10.1%에서 22.2%로 2배 이상 높아졌다. 6개월 사이에 본원통화는 28조 원, 협의통화는 137조 원이나 늘어났다.

돈은 많이 풀렸지만 풀린 돈이 실물경제를 활성화시키는 효과는 계속 약화되고 있다. 풀린 돈 대비 실물경제의 활성화 정도를 측정하는 지표는 '화폐유통속도'다. 가령, 풀린 돈이 10조 원이고, 그해의 GDP가 20조 원이면 화폐유통속도는 2로 측정된다. '그 나라의 실물경제 활동 정도가 풀린 돈이 2번 순환할 정도였다'는 의미다.

글로벌 금융위기를 거치면서 주요국들이 대거 돈을 풀었지만 경기는 크게 살아나지 못하면서 화폐유통속도는 계속 하락하는 추세다. 협의통화 기준으로, 미국의 화폐유통속도는 글로벌 금융위기 직전이던 2007년 말 2.72에서 2019년 말 1.39로 거의 절반 가까이 하락했다. 같은 기간 유로존과 일본의 화폐유통속도도 0.72에서 0.4로, 0.28에서 0.17로 크게 낮아졌다. 우리나라의 화폐유통속도 역시 0.94에서 0.52로 낮아졌다. 풀린 돈의 경제활성화 효과 면에서 아직 유로존과 일본보다는 높지만 미국보다는 크게 낮은 수준이다.

코로나19 이후 돈은 더 많이 풀렸지만 경기는 계속 어려워지

• 통화지표는 시중에서 유통되는 돈의 규모를 측정한 것이다. 대표적인 통화지표에는 협의통화(M1), 광의통화(M2), 금융기관유동성(Lf), 광의유동성(L) 등이 있다.

면서 화폐유통속도가 더욱 하락하고 있다. 2020년 상반기 동안에만 주요국들의 화폐유통속도는 약 20~30% 추가 하락한 것으로 추정된다. 향후 중앙은행들이 돈을 더 많이 풀수록, 그럼에도 불구하고 실물경제의 회복은 부진할수록, '금융과 실물이 따로 노는 현상'은 더욱 심화될 전망이다.

인플레 가능성은 낮지만 '자산 인플레' 가능성은 높다

주목해야 할 점은 대규모로 풀린 돈들이 실물경제를 활성화시켜 향후 제품과 서비스의 가격이 전반적으로 오르는 '인플레이션'이 나타날 가능성은 낮지만, 주식, 부동산, 금 등 투자자산의 가격이 오르는 '자산 인플레이션'이 나타날 가능성은 상당히 높다는 점이다.

돈은 대거 풀렸지만 실물경제 부진이 이어지는 가운데 기업의 투자와 가계의 소비가 늘지 않고 이를 위한 자금 수요도 많지 않으면 저금리가 심화될 것이다. 저금리로 예적금의 메리트가 줄어들면 대규모로 풀린 돈들은 은행 예적금을 거쳐 기업 투자, 가계 소비 등 실물경제 활동에 쓰일 가능성이 낮아진다. 반면, 언제든 돈을 빼기 쉬운 요구불예금, MMF Money Market Funds 등에 머무는 '투자 대기자금'과 고수익 투자처를 찾아 이리저리 옮겨 다니는 '단기 부동 자금'이 급증할 것이다. 돈을 장기 예치

하는 대가로 높은 금리를 주던 예적금의 금리가 낮아지면 대기의 기회비용도 줄어들기 때문이다.

풀린 돈은 많은데, 경제 내에 투자할 곳은 적고, 옮겨가기 쉬운 곳에서 대기하는 자금이 급증한다면 기대가 모아지는 곳에 돈이 급격히 몰리면서 가격이 급등하는 '버블' 형성 가능성이 높아진다. 특정 자산에 급격히 돈이 몰리면서 가격이 급등했다가, 이후 급격히 돈이 빠져나가면서 가격이 급락하는 현상이 반복될 가능성이 높다. 가격이 급등하는 자산이 자주 출현하지만, 가격 급등락이 빈번해지고 그 변동 폭도 과거에 비해 커질 전망이다.

특정 자산의 가격만 오르거나 상대적으로 훨씬 많이 오르는 '차별화' 및 '양극화'가 심화될 것이다. 미래 경제전망이 어둡고 경제 불확실성이 클수록 향후 전망이 밝다고 다수가 생각하는 소수의 투자대상에 투자자금이 집중될 가능성이 높아지기 때문이다. 그런 면에서 4차 산업혁명, 언택트 등 미래 변화 방향에 부합되고 성장 가능성이 높다고 많은 사람들이 생각하는 특정 업종이나 기업의 주가가 급등할 가능성이 높다. 부동산 역시 과거 경제가 어려울 때에 가격이 덜 떨어졌거나 도리어 올랐다고 많은 사람들이 믿는 특정 지역이나 유형의 부동산 가격이 더 크게 오를 가능성이 높다.

특히, 향후 자산 인플레이션은 '머니게임money game' 양상을 띨 가능성이 높다. 부동산, 주식 등 자산가격이 상승하는 가운데 자산가격 급등 및 자산시장 과열을 막기 위한 대출 규제가 강화될수록 머니게임 가능성이 높아진다. 대출 없이 자기자금만으로도 투자가 가능한 자산가들, 강화된 대출 규제 하에서도 대출이 가능한 고소득자와 고신용자들 위주로 자산시장 투자가 이루어질 가능성이 높아지기 때문이다. 자산시장 투자가 머니게임 양상을 띨수록, 그리고 이런 가운데 자산 인플레이션이 심화될수록, 돈이 있는 사람이 투자로 돈을 더 많이 벌게 되면서 '소득 양극화'는 확대될 전망이다.

오르지 않는 물가는
'경제의 저체온증'이다

물건을 사서 소비하는 입장뿐만 아니라 물건을 만들어 파는 입장에서도 물가 변화를 바라봐야 한다.

▶ 낮은 물가, 떨어지는 물가가 가져올 파장과 위험성을 예상해야 한다. 특히 기업을 경영하는 사람, 물건과 서비스를 만들어 파는 사람, 그러한 기업이나 사업체에 소속된 사람이라면 더욱 그러한 시각이 필요하다.

오르지 않거나 떨어지는 물가는 '경제의 이상 신호'다.

▶ 한 나라의 경제를 사람의 몸에 비유한다면 그 나라의 물가는 '국가 경제의 체온'이다. 몸을 과도하게 쓰면 체온이 올라가듯이, 경기가 과열되면 물가가 오른다. 신체 활동이 저하되면 체온이 떨어지듯이, 경기가 너무 식으면 물가

가 낮아진다.

▶ 물가는 너무 올라도 문제지만 너무 오르지 않거나 떨어져도 문제다. 체온이 너무 높은 '고열'로도 죽지만, 체온이 너무 떨어지는 '저체온증'으로도 죽는다.

동의하기 어렵더라도 낮은 물가 상승률에 주목해야 한다.

▶ 내가 느끼는 체감물가와 다르다고 해서, 공식적인 물가 상승률을 무시해서 는 안 된다. 지표물가는 국가기관인 통계청에서 수백 개의 품목에 대해 일관 성 있는 방법을 지속적으로 적용하여 조사한 결과다.

정책당국은 지표물가와 체감물가의 괴리를 줄이기 위해 노력해 야 한다.

▶ 괴리가 지나치게 확대되거나 지속되면 공식 물가 통계에 대한 국민들의 신 뢰도가 낮아진다. 그렇게 되면 물가 통계를 바탕으로 한 정부의 정책이 국민 의 이해와 동의를 얻기 어려워지고 결국 정책의 효과가 약화된다.

▶ 지표물가에 비해 체감물가가 매우 높다면 경제 주체들이 왜 그렇게 느끼는 가를 파악하고 괴리를 줄이기 위한 방안을 강구해야 한다. 지표물가가 체감 물가를 보다 더 잘 반영할 수 있도록 물가 조사대상 품목을 늘리거나 현실 화하고 더 자주 품목을 조정하는 등의 노력이 필요하다. 특히, 우리나라의 경우 전체 가계소비 지출에서 차지하는 비중은 높고 줄이기는 어려운 주거 비와 교육비 부담을 물가 조사에 어떻게 반영할 것인가 고민이 필요하다.

디플레이션은 경기 침체 및 불황과 함께 오는 '위험신호'다.

▶ 제품과 서비스 가격이 하락하면서, 매출이 줄어든 기업이 투자와 고용을 줄이고, 소득이 줄어든 가계가 소비를 줄인다. 경기는 더욱 어려워지고, 수요 감소로 물가는 더욱 하락한다. 이러한 '악순환'에 빠지게 되면 경기는 큰 폭으로, 지속적으로 위축된다.

▶ 1920~1930년대 미국의 대공황, 1990~2000년대 일본의 버블 붕괴 등 장기 불황 및 저성장 당시에도 디플레이션 현상이 상황을 악화시켰다. 이러한 경제위기들처럼 디플레이션이 주식, 부동산 등 자산가격 버블 붕괴, 금융기관 부실화로 인한 신용 위축, 생산가능인구 감소 등과 겹쳐지면 경기 위축과 디플레이션은 더욱 심화된다.

물가지수 중에서도 '근원물가'가 하락하면 더 긴장해야 한다.

▶ 석유류 등 에너지 제품 가격, 농산물 등 식료품 가격은 원래 변동성이 크다. 중동 정세 변화, 풍수해 발생 등에 따라 가격이 급등했다가 급락하는 것이 흔하다. 국제유가 하락, 농수산물 가격 급락 등에 의해 소비자물가지수가 하락했다면 이는 일시적인 디플레이션일 수 있다.

▶ 이러한 점을 감안하여 만든 물가지수들이 '농산물 및 석유류 제외지수' 및 '식료품 및 에너지 제외지수'다. 변동성이 큰 공급 및 비용 측면 요소들을 제거한 결과, 경제의 근원적인 제품과 서비스에 대한 수요를 반영한다고 해서 '근원물가'라고도 부른다. 근원물가의 하락은 경기 부진으로 인한 수요 부족 때문일 가능성이 높다.

자산 인플레와 함께 오는 '변동성 확대'에 주의해야 한다.

▶ 자산가격 급등락 폭이 과거에 비해 매우 커질 것이다. 이러한 급등락의 주기가 짧아질 것이다. 예상이 어렵고 상황이 급변하는 코로나가 종식되기 전이라면 더욱 그럴 것이다.

▶ 리스크 관리를 강화해야 한다. 단기차익을 노리고 거액을 빌려서 투자하는 것은 지양해야 한다. 급락한 가격의 회복이 지연될 경우 부채를 감당하지 못해 커다란 손실을 입을 수 있다.

급증하는 단기 부동 자금을 버블의 '원인'이 아니라 투자대안 부재의 '결과'로 봐야 해법이 보인다.

▶ 단기 부동 자금을 줄이려 금리를 인상하고 풀린 돈을 거두어들이는 것은 '병의 원인을 치료하지 않고 증상만 없애려 하는 것'과 같다. 경기 부진, 높아진 경제 불확실성, 마땅한 투자 대안 부재가 정책금리 인하, 시중금리 하락, 돈 풀기의 원인이기 때문이다. 이러한 근본적 원인들의 변화 없이 단지 금리를 인상하고 통화긴축을 시행한다면 단기 부동 자금은 줄일 수 있겠지만 경기가 매우 어려워질 수 있다.

8

제로 금리 경제

'저축하면 손해'인 경제

- 향후 돈은 더 풀리지만 경기는 살아나지 않으면서 은행 정기예금 금리마저 0%대로 떨어진 '초저금리' 현상이 더욱 심화될 전망이다.

- 초저금리로 금융기관과 연기금의 상황이 악화되면 이자, 보험료, 연금에 의존해 생활하던 은퇴 노년층이 가장 큰 타격 입는다.

- '고위험-고수익 투자'와 '현금 선호'로 투자가 양극화되면서 '시중 자금 단기 부동화'와 '화폐 퇴장'이 심화되면 풀린 돈의 경제 활성화 효과 더욱 약화된다.

은행 예금금리가 사상 처음으로 0%대로 떨어졌다. (중략) 한국
은행이 집계한 2020년 6월 중 금융기관 가중평균금리를 보면 신
규 취급액 기준 은행권 저축성 수신금리는 0.18%포인트 내린 연
0.89%였다. 0%대 금리는 1996년 1월 통계 작성 이후 처음이다. 6
월에 신규 취급액 기준 은행권 정기예금 가운데 0%대 금리 상품
의 비중은 67.1%로 역대 가장 컸다. 한은이 기준금리를 사상 최저
인 연 0.5%까지 낮추면서 금리가 0%대인 정기예금 비중이 급격
히 늘었다.*

위 기사의 내용을 쉽게 풀어보자. '가중평균금리'의 의미는
금융기관별, 금융상품별로 금리가 다르니 '전반적인 금리 수준
을 파악하기 위해' 금액을 가중치로 한 평균적인 금리를 계산해
살펴보았다는 의미다. '신규 취급액 기준'의 의미는 이미 은행에
맡겨놓은 돈이 아니라 '새로 은행에 맡기려는 돈'에 대한 금리
라는 의미다. '은행권 수신금리'란 은행 입장에서는 고객으로부
터 받은 돈에 대해 은행이 주는 금리, 반대로 고객 입장에서는
은행에 맡긴 돈에 대해 '은행으로부터 받는 금리'라는 의미다.
그중에서도 '저축성 수신금리'는 일정 기간 동안 돈을 맡기기로
약속하고 상대적으로 높은 금리를 받는 정기예금, 정기적금 같

• 2020년 7월 31일, 〈연합뉴스〉 기사

은 금융상품에 적용되는 금리다. 이 금리가 높으면 고객은 같은 돈을 은행에 맡기더라도 더 많은 이자를 받고, 반대로 이 금리가 낮으면 더 적은 이자를 받는다.

10억 원 예금해도 이자가 최저 생계비도 안된다

돈을 은행에 넣어두고 필요할 때 수시로 입금하거나 출금하기 위한 수시입출식예금, 요구불예금 등에 이자가 거의 붙지 않은 지는 이미 한참 되었다. 그런데 정기예금, 정기적금처럼 돈을 불리기 위한 목적의 저축성예금 금리마저도 1% 아래로 떨어진 것이다. 이렇게 되면 '10억 원'을 은행 저축성예금에 넣어 두어도 1년 이자 수입은 '1,000만 원', 한 달 이자 수입이 '83만 원'이 채 안 된다. 여윳돈 10억 원이 있더라도 은행 예금에만 넣어둔다면 이자가 최저 생계비도 안되는 상황이다.

만약 예금금리가 물가 상승률보다 낮으면 은행에 돈을 넣어둘 경우 돈이 불어나기는커녕 '실질적으로' 줄어들게 된다. '물가가 10% 오른다'는 것은 사실 '돈의 가치가 10% 떨어진다'는 의미다. 가령, 예전에 1,000원을 주면 살 수 있던 생수 1병을 이제는 1,100원을 주어야 살 수 있다고 하자. 이는 생수 1병의 가치가 10% 올랐다고도 볼 수 있지만, 돈의 가치가 10% 떨어졌다고도 볼 수 있다.

1년 동안의 물가 상승률이 10%인 상황에서 은행 예금금리가 5%인 상황을 생각해보자. 은행에 100만 원을 예금할 경우 '실질적인 가치'를 그대로 유지하려면 1년 뒤에 110만 원을 돌려받아야 한다. 하지만 예금금리가 5%이기 때문에 1년 뒤에 돌려받는 원리금은 105만 원밖에 되지 않는다. 결국, 5만 원의 예금이자를 받았음에도 불구하고 처음 맡겼던 돈의 '실질적인 가치'도 유지하지 못한 셈이다. 상식적인 사람이라면 누가 이렇게 손해를 보면서까지 은행에 돈을 맡기겠느냐고 할 것이다. 하지만 사실 이런 상황은 주변에서 어렵지 않게 볼 수 있다. 많은 이들이 예금금리는 확인하면서도 물가 상승률과 비교하지는 않기 때문이다.

우리나라에서도 저금리가 어제오늘의 일이 아니기 때문에 실제로는 돈을 불리기 위해 은행에 돈을 맡기는 경우는 이제 많지 않다. 그렇다면 돈을 굴리는, 즉 자산 운용 방법으로서의 비교 대상은 부동산, 주식, 채권, 달러, 금 등이 더 적절해 보인다. 물론 투자 시점과 기간에 따라 자산별로 수익률이 크게 달라질 것이다. 그러나 은행이 제시하는 '명목금리'도 0%대에 접어들었고, 물가 상승률을 감안한 '실질금리'는 마이너스가 될 수도 있어서 원금 유지조차 버거워진 은행예금의 투자수익률이 더 높기는 매우 어려울 전망이다. 즉 장기적으로 은행 예금으로만 돈을 굴리면 사실상 손해를 보게 될 가능성이 높다.

풀린 돈에 비해 투자 부진해 돈이 남아돈다

금리가 이렇게 떨어진 이유는 돈이 남아돌기 때문이다. 우리는 '물건의 가격'을 '돈'으로 표시한다. 가령, 생수 1병의 가격을 1,000원이라고 표시하는 식이다. '돈의 가격'은 '금리'다. '지금 돈을 빌리는 (또는 빌려주는) 가격'을 '금리 5%'와 같은 식으로 표시한다. 수요보다 공급이 많아 생수가 남아돌면 생수의 가격은 떨어진다. 금리도 마찬가지다. 돈을 빌리려는 수요보다 돈을 빌려주려는 공급이 많아 돈이 남아돌면 돈의 가격인 금리는 떨어진다.

앞서 설명한 '신규 취급액 기준 은행권 저축성 수신금리'의 경우, 통계가 집계되기 시작한 1996년 초에는 10.4%에 달했지만, 10년 뒤인 2006년 초에는 4.1%, 다시 10년 뒤인 2016년 초에는 1.7%로 떨어졌다. '돈의 가격'이 얼마나 빠르게 떨어졌는지 알 수 있다.

금리가 왜 떨어지는지 알기 위해서는 돈이 왜 남아도는지를 생각해봐야 한다. 일반적인 물건들과 달리 '돈의 공급처'는 한 곳뿐이다. 바로 그 나라 중앙은행, 우리나라로 따지면 한국은행이다. 따라서 돈이 남아돈다면 돈의 유일한 공급자인 한국은행이 '의도적으로' 돈의 공급을 많이 늘린 결과일 수 있다. 대개 경기가 안 좋으면 중앙은행은 공급을 늘려 돈의 가격인 금리를 낮춘다. 금리가 낮아지면 가계와 기업은 내야 하는 이자비용이 줄어들어 경기 부진 시의 소득 위축과 실적 악화 충격이 완화된다. 시중에 돈이 풍부해지니 돈을 못 빌려서 생기는 연체, 폐업, 도산 등도 막을 수 있다. 돈을 빌려 필요한 물건을 사거나 공장을 짓고 고용을 늘릴 여력도 늘어난다. 중앙은행이 통화 완화를 통해 경기 회복까지 기대하는 이유다.

하지만 공급이 많다고 해서 항상 돈이 '남아도는' 것은 아니다. 공급보다 수요가 적을 때 남아돌게 된다. 사실 중앙은행이 통화완화를 통해 기대하는 것은 돈에 대한 수요가 회복되는 것이다. 문제는 돈을 많이 풀어 돈이 남아돌게 했는데도 돈에 대한 수요가 늘지 않는 상황이다. 우리나라의 상황이 이에 해당한다. 돈의 가격인 금리가 낮아졌는데도 기업들은 투자와 고용을 늘리려 하지 않는다.

우리나라 기업들의 상황은 양극화되어 있다. 투자와 고용을 늘릴 만한 기업들은 돈이 부족해 보이지 않는다. 하지만 어디에 투자해야 할지 모르겠다고도 하고, 투자는 하고 싶은데 관련된 불확실성이 너무 크다고도 하며 투자와 고용을 미룬다. 그 배경에는 향후 우리나라 경제성장률이 낮아지고 소비가 부진해지면 국내에 공장을 지어 물건을 만들더라도 그 물건이 잘 팔리지 않을 수 있다는 불안감이 자리 잡고 있다.

반면, 돈이 부족하다고 아우성인 기업들 중 상당수는 돈을 빌려주면 떼일 위험성이 높아 보이는 기업들이다. 그렇다 보니 금융기관들은 보유한 자금이 많아도 이러한 기업들에 돈 빌려주는 것을 꺼린다. 시중에 돈이 남아돌고 금리가 낮아도 실제로 돈을 빌려줄 수 있을 만한 기업의 실질적인 자금 수요는 많지 않은 상황이다.

큰 흐름으로 볼 때 한국은행은 2012년 이후 정책금리를 인하하며 돈을 풀어온 셈이다. 그럼에도 불구하고 기업들의 설비투자 증가율은 2011년 5.5%에서 2019년 -7.5%로 도리어 낮아졌다. 돈은 많이 공급되었지만 돈에 대한 수요가 부진했음을 반영한다. 이렇게 돈의 공급에 비해 돈에 대한 수요가 적은 상황이 지속되면 돈의 가격인 금리는 계속 떨어진다.

돈은 더 풀리고 금리는 더 낮아진다

우리 경제의 '초저금리 현상'은 앞으로 더 심화될 전망이다. 경제 성장세 둔화 및 투자 부진으로 인해 돈의 공급에 수요가 못 미쳐 경제 안에 돈이 남아도는 상황이 상당 기간 지속될 것으로 예상되기 때문이다.

우선, '돈의 공급 측면'에서 한국은행의 통화완화 정책이 계속 이어질 전망이다. 한국은행은 제로 수준 가까이 낮춘 기준금리를 향후 수년간 인상하기 어려울 것으로 예상된다. 기준금리 인상으로 대응할 정도의 뚜렷한 경기 회복세 또는 물가상승 압력이 나타나기 어려울 전망이다. 돈을 넉넉하게 공급해 경기 회복을 도와야 할 필요성은 높은 반면, 돈을 거둬들여 인플레이션을 막아야 할 필요성은 낮을 전망이다.

이처럼 저성장과 저물가로 인해 많이 풀린 돈을 거두어들이지 못하는 현상은 우리나라뿐만 아니라 전 세계적으로 광범위하게 나타날 전망이다. 주요국 가운데 장기적인 성장 전망이 가장 밝은 미국조차도 2020년대 중반에 이르러서야 금리 인상이 가능할 것으로 예상된다. 전통적으로 중앙은행들은 인플레이션을 경계하고 금리 인하보다 금리 인상을 선호해왔다. 이런 중앙은행들조차 어쩔 수 없이 통화완화를 지속해야 할 정도로, 향후 저성장은 심화되고 이에 대응할 정책 수단은 마땅치 않을 가능성이 높다. 코로나19를 거치면서 대부분 국가의 재정적자가 확대되고 국가부채가 급증한 결과, 재정지출 여력이 빠르게 소진되고 있다. 과거에 비해 통화완화의 경기 활성화 효과가 약화되었음에도 불구하고, 돈 풀기를 통해 재정확대 정책을 뒷받침하고 경기 회복에 조금이라도 도움을 주어야 하는 상황이 예상된다.

'돈의 수요 측면'에서도 부진한 자금 수요가 지속될 가능성이 높다. 성장세가 약화되는 경제에서 고수익 투자처를 찾기는 어렵다. 적어도 자금조달금리보다 투자수익률이 높아야 돈을 조달해 투자를 한다. 성장률과 투자수익률이 낮아지는 경제에서는 돈에 대한 수요도 위축될 수밖에 없다. 우리 경제의 경우, 반도체, 2차 전지 등 일부 업종에서 대규모 투자계획이 간간이 발표되고 있지만, 연관 기업 또는 지역이 한정적이며 쌓아 놓은 자기자금으로 투자하는 경우가 많다. 도리어 더 많은 수의 기존 주력 산업들은 중국 등에 경쟁력이 따라 잡히거나 업황이 악화되면서 제대로 투자를 못 하거나 줄이고 있다. 경제성장률의 하락세를 반전시키지 못하거나 산업 구조상의 한계점을 극복하지 못한다면 향후 우리 경제의 투자, 즉 돈에 대한 수요는 더 위축될 전망이다. 결국, 돈이 더 풀리지만 투자 부진으로 돈에 대한 수요가 그만큼 늘지 않는다면 돈이 남아돌면서 금리는 더 떨어질 가능성이 높다.

은퇴 노년층이 초저금리에 가장 큰 타격 입는다

향후 저금리의 장점보다 단점이 더 크게 나타날 전망이다. 경기 진작 효과가 크지 않음에도 불구하고 다른 경기 대응 수단이 마땅치 않아 유지되는 초저금리일 가능성이 높기 때문이다.

우선 은행 등 금융회사들의 수익성이 악화될 전망이다. 금융회사들이 돈을 버는 방법은 기본적으로 돈을 싸게 조달해 비싸게 빌려주는 '돈장사'다. 은행은 가계에 예금금리를 주고 돈을 받아서 (가계는 예금금리를 받고 은행에 돈을 맡겨둔다고 생각하지만) 예금금리보다 높은 대출금리를 받고 돈을 빌려준다. 즉 금융회사들의 이자수입은 대출금리와 예금금리의 차이, 즉 '예대금리차'에 기반한다. 그런데 전반적인 금리 수준이 너무 낮아져서 대출금리와 예금금리의 차이가 거의 사라져버리면 금융회사들의 이익이 급감하게 된다. 그런 면에서 초저금리는 금융기관들에 심각한 위협이 될 수 있다. 금리 수준이 낮아질수록 금융기관들의 수익성에 대한 우려가 커지고 저금리가 금융업종 주가에 불리하게 작용한다고 언급되는 것은 이 때문이다.

특히, 보험사, 연기금 등과 같이 돈을 지속적으로 받아 운용하고 남은 돈으로 고객 및 가입자들에게 장기간에 걸쳐 확정금액을 되돌려 주어야 하는 기관들이 보다 어려운 상황에 처할 전망이다. 일본의 경우 1999년 '제로 금리 정책' 도입 이후, 10년 만에 우량 보험사 7~8개가 파산했다. 유로존의 경우 2014년 '마이너스 금리 정책' 도입 이후, 이익이 잠식된 금융기관들이 대규모 인원 및 지점 감축 등 구조조정을 진행 중이다. 2019년 도이체방크는 2022년까지 전체 인력의 20%에 해당하는 1만 8,000명을 줄이겠다고 발표했다. 이 외에도 바클레이즈, HSBC, 소시에테제네랄, 스탠다드차타드, UBS, 코메르츠방크 등이 발표한 감원 계획 규모는 4만 명에 달했다.

이러한 금융기관과 연기금의 상황 악화는 그들만의 문제에서 그치지 않고 경제 전체적으로 소비를 위축시킬 수 있다. 수익성이 악화되고 돈 굴릴 곳이 줄어든 은행은 예금이자를 많이 주면서 예금을 유치할 필요성이 줄어든다. 그 결과 예금금리가 낮아지면 은행 예금에 돈을 넣어두고 이자를 받아 생활하던 이들의 소득이 줄어든다. 한편, 고수익 투자처가 줄어들면서 자금

운용 수익률은 낮아졌지만 약속한 보험료와 연금을 계속해서 지불해야 하는 보험사와 연기금은 사업의 유지 자체가 어려워질 수 있다. 이러한 상황에서 가장 큰 타격을 입는 계층은 은퇴 노년층이 될 전망이다. 여타 연령대에 비해 근로소득보다 이자, 보험료, 연금 등 금융소득에 대한 의존도가 높아 소득에 더 큰 타격을 입을 가능성이 높기 때문이다.

'고수익 투자'와 '현금 선호'로 투자가 양극화된다

제로 수준 가까이까지 낮아진 금리와 투자수익률은 '투자의 양극화'를 심화시킬 전망이다.

우선, 한편에서는 '고위험-고수익 투자'에 대한 관심이 높아질 것이다. 개인들은 은행 예금과 같은 안전한 방법으로는 돈 불리기가 거의 불가능해진다. 금융기관들도 성장세가 둔화된 국내 기업들에 대한 대출, 국내 주식에 대한 투자만으로는 필요한 투자수익률을 맞추기 어려워진다. 이 말은 위험을 감수해야 돈을 불릴 수 있게 된다는 뜻이다. 이미 브라질 채권, 미국 주식, 베트남 부동산 등에 대한 관심이 고조되고 투자가 급증했던 것은 이러한 움직임을 반영한다. 시간이 지날수록 고수익 해외 투자처, 특히 경제성장률이 높고 금리 수준도 높은 신흥국들에 대한 투자가 중요해질 것이다. 주식, 채권, 통화 등 전통적인 금융자산 이외에 부동산, 대규모 사회간접자본(SOC, Social Overhead Capital) 개발 프로젝트, 국제 원자재, 식량 등 비전통적인 자산에 대한 투자가 점점 더 중요해질 전망이다.

다른 한편에서는 '현금 선호' 현상이 심화될 것으로 예상된다. 제로 수준에 가까운 예금금리는 은행에 예금하지 않고 현금으로 그대로 가지고 있을 때의 기회비용 즉, 현금 보유 시에 포기해야 하는 이익이 거의 없음을 의미한다. 은행에 돈을 맡겨 봐야 어차피 이자도 거의 못 받고, 다른 곳에 투자할 곳도 마땅치 않다면 차라리 현금으로 가지고 있으려 할 가능성이 높아진다. 온라인화 및 무인화되어 가는 금융환경 적응에 어려움을 겪고 있고 다양한 금융상품에 대한 접근성이 떨어지는 고령자일수록, 그리고 향후 경제에 대한 불안감이 커질수록, 이러한 현금 선호는 강하게 나타날 가능성이 높다.

이미 일본에서는 고령자들이 집 안에 쌓아두고 사용하지 않는 '장롱예금'이 이슈가 되고 있다. 노인들이 사망한 집의 장롱이나 다다미 방바닥에서 수억 원에 달하는 현금이 발견되는 현상이 반복되고 있다. 일본의 이러한 장롱예금 규모는 50조 엔, 우리 돈 55조 원이 넘는 것으로 추산된다.

'화폐 퇴장' 및 '시중 자금 단기 부동화'가 우려된다

　이렇게 한편으로는 현금 선호가 강해지고 다른 한편으로는 고수익 추구 성향이 강해지면 돈을 많이 풀더라도 실물경제가 활성화되는 효과는 더욱 약화된다. 경기를 살리기 위해 중앙은행이 시중에 돈을 풀 때 기대하는 것은 풀린 돈들이 경제 안에서 '가능한 한 많이 돌고 도는 것'이다. 중앙은행에서 풀린 돈으로 은행이 가계와 기업에 대출을 늘리면, 이 돈을 받아서 가계와 기업은 소비, 투자, 고용을 늘린다. 경기가 좋아져 기업의 매출이 늘고 가계의 소득이 늘면, 가계는 다시 남는 돈을 은행에 예금한다. 이것이 '돈의 선순환'이다.

　그러나 중앙은행이 푼 돈 중 상당 부분이 현금으로 인출되어 집 안의 금고, 장롱 등에 박혀 사라져버리는 '화폐 퇴장' 현상이 심화되면 돈은 선순환 고리에서 빠져나와 버린다. 또한, 고수익 투자 기회가 나타나면 금방 옮겨갈 수 있도록 수시입출식예금, 머니마켓펀드(MMF) 등 단기 금융상품에 머물면서 대기하는 자금이 늘어나는 '시중자금 단기 부동화' 현상이 심화되어도 돈의 선순환은 어려워진다. 이렇게 단기 금융상품에 잠시 머무르는 돈들은 기업의 투자 등을 위한 장기대출 재원으로 쓰이기 어려워 경기 활성화 효과가 작기 때문이다.

　도리어 시중 자금의 단기 부동화는 '자산시장의 불안정성'을 키운다. 이렇게 쉽게 옮겨갈 수 있는 투자 대기자금이 많아지면, 이 돈들이 한꺼번에 몰리는 특정 자산의 가격이 급등하고 버블이 형성될 위험성이 커진다. 해당 자산이 주택이건, 주식이건, 가상화폐건 더 많은 돈이 몰릴수록, 버블의 크기가 클수록 버블 붕괴 시에 경제와 금융시장에 미치는 충격은 커진다.

실제로 경제 불확실성 심화, 초저금리, 고수익 추구 심리 등이 맞물리면서 우리나라의 단기 부동 자금 규모는 급증하고 있다. 현금통화에 현금화가 상대적으로 용이한 요구불예금, 수시입출식예금, MMF, 종합자산관리계좌(CMA), CD, 매출어음 및 발행어음 등을 더한 '단기 부동 자금' 규모는 2020년 8월말 기준 1,223조 원에 달했다. 2019년 말과 비교하면 8개월 만에 164조 원이나 증가한 것이다.

이렇게 대거 풀린 돈들이 경제 안에서 제대로 돌지 않는 '돈맥경화' 현상이 심해질수록 통화 완화 및 저금리 정책과 관련된 논란이 거세질 전망이다. 저성장이 심화될수록, 특정 자산가격만 오를수록, 경기를 살리자고 돈을 풀었는데 부작용만 생긴다는 불만이 강하게 제기될 것이다. 한국은행은 경기 부진과 자산 버블 우려 사이에서 금리를 올리지도 내리지도 못하는 '진퇴양난의 상황'에 처하게 될 가능성이 높다. 이는 이미 정책금리를 제로에 가깝게 낮추었음에도 불구하고 경기가 살아나지 않는 상황에서 통화정책 당국이 더 이상 할 수 있는 게 없다는 '통화정책 무용론' 또는 '통화정책 무기력증'으로까지 이어질 수 있다.

노후대비 계획을
전면적으로 수정해야 한다

'초저금리가 오랫동안 지속되고 심화될 것'을 전제로 재테크 전략을 세워야 한다.

▶ 돈을 불리려면 은행 예금에만 돈을 넣어두어서는 안 된다.

은행을 예금하는 곳으로 활용해서는 안 된다. '주거래 은행의 선택 기준'이 달라져야 한다.

▶ 이자 조금 더 주는 은행이 최선이 아닐 가능성이 높다. 예외적인 일부 특판 예금 상품을 제외하고는 예금금리 수준이 대부분 비슷하게 낮아져 큰 차이가 없어진다.

▶ 은행이 단골고객에게 제공하는 대출금리 경감 정도, 세무 및 재테크 상담 서

비스, 송금 및 환전 거래 편의성 등 종합적인 금융서비스를 비교해 주거래 은행을 선택해야 한다.

은퇴 전에 노후자금을 많이 모아 안전한 은행에 넣어두고 이자를 받아 노후생활을 즐기는 것은 거의 불가능하다.

▸ 각자의 상황에 따라 다르겠지만 은퇴 후 '월 300만 원'의 이자소득을 얻는 것을 목표로 한다고 가정해보자. 은행의 1년 만기 정기예금 금리가 2%라면, 예금이자로 월 300만 원을 받기 위해 정기예금에 '18억 원'을 예치해야 한다. 하지만 실제 정기예금 금리는 이보다 훨씬 낮다. 금리가 1%라면, 필요한 은퇴자금 규모는 '36억 원'에 달한다. 즉 금리가 낮아질수록 필요한 은퇴자금의 규모는 급격히 커진다.

노후대비에 있어 금융소득보다 '근로소득의 가치와 중요성'이 커진다. 건강하게 오랫동안 일하는 것이 최고의 노후대비책이다.

▸ 노후자금으로 10억 원을 모아놓는 것보다 안정적으로 매년 2,000만 원을 받을 수 있는 일자리를 유지하는 것이 더 나을 것이다. 예금금리 1% 가정 시, 10억 원을 은행에 예치해두면 1년 동안 받는 이자소득은 1,000만 원에 불과하다. 노년기에 연 2,000만 원의 근로소득을 받는 일자리를 유지하는 사람이 노후대비가 더 잘되어 있는 셈이다. 매년 2,000만 원을 받는 일자리는 20억 원의 예금과 맞먹는 가치가 있다.

'과거 고금리 시기'에 가입해둔 확정금액 지급형 또는 확정금리 보장형 금융상품들이 있다면 가능한 한 유지하라.

▶ 이러한 금융상품들이 지급을 약속한 금액은 과거의 고금리 및 높은 투자수익률을 상정하고 계산된 것이다. 이러한 금융상품을 유지한다면 판매한 금융회사에는 손해지만 가입한 고객에게는 이득이다.

초저금리는 은행, 보험사, 연기금 등에 심각한 위협이다. 내 돈을 넣어두었거나, 내 연금을 운용하는 금융기관 및 연기금의 상황이 악화되고 있다는 뉴스를 보면 상황을 파악해야 한다.

▶ 돈을 오랫동안 불입하고 장기간 후에 오랫동안 나누어 받는 구조의 금융상품 및 연기금일수록 금리 하락 추세 및 초저금리 지속에 큰 타격을 입는다.

▶ 금융회사의 경우 실적 악화, 주가 하락, 직원 감축, 지점 축소 등이 안 좋은 신호다. 연기금의 경우 기금운용 수익률 하락, 적자 규모 확대, 정부의 적자 보전금 확대 등이 안 좋은 신호다.

고령화가 진전될수록 '장롱예금'이 늘어날 것이다. 이에 대한 정책적 대응이 필요하다.

▶ 일본 정부는 사라져버리는 노년층의 막대한 현금을 장롱에서 꺼내기 위해 세대 간 증여 시에 세제 혜택 등의 혜택을 부여하고 있다. 증여한 자산이 자녀의 결혼·출산·육아비, 손주 교육비, 주택 신축 및 구입비 등에 사용되면 비과세 혜택을 주는 식이다.

초저금리 시대에 '저위험-고수익 투자 상품'은 존재하기 어렵다. 이런 투자 상품을 권유받았다면 조심해야 한다.

▶ 일반적으로 정기예금 등 은행, 보험사 등에서 판매하는 '안전한' 금융상품들의 투자수익률은 큰 차이가 없다.

▶ 만약 안전하다고 하면서도 특이하게 높은 수익률을 약속하는 금융상품이 있다면 이 금융상품이 어디에 어떻게 투자되는지 꼼꼼히 확인해봐야 한다. 고위험-고수익 투자자산이 포함되어 있을 가능성이 높다. 아무리 금융회사라고 하더라도 고위험-고수익 투자자산에 투자하지 않으면서 높은 수익률을 제공할 '뾰족한 수'는 찾기 힘들다.

▶ 내 은퇴자금을 안전하게 지키고 싶다면 내 돈을 넣을 금융상품의 '약관'을 길더라도 인내심을 가지고 확인해야 한다. 금융회사가 월별이나 분기별로 보내주는 '운용현황보고서'도 챙겨서 찬찬히 읽어봐야 한다.

해외 고수익 투자처에 더욱 관심을 가져야 한다.

▶ 일본, 유럽 등 이미 금리가 제로이거나 마이너스인 국가의 국민들은 경기가 비교적 좋은 미국, 호주, 동유럽, 동남아의 주식, 채권, 부동산 등에 막대한 돈을 투자하고 있다. 이런 돈들을 일본의 경우 '엔 캐리 자금'(상대적 고금리 국가에 투자하는 일본의 엔화 자금), 유럽의 경우 '유로 캐리 자금'(상대적 고금리 국가에 투자하는 유럽의 유로화 자금)이라고 부른다.

자녀가 있다면 '글로벌 투자' 및 '다양한 투자'에 일찍 눈뜨게 해주어야 한다.

▶ 저성장과 저금리를 오랫동안 경험한 일본에서는 해외 투자에 적극적인 20, 30대 젊은 층을 '와타나베 주니어'라고 부른다. 이들은 1990년대부터 투자수익률이 낮은 자국을 벗어나 해외 고수익 자산에 투자했던 '와타나베 부인'들을 보며 자란 세대다.

초저금리는 좀비기업의 생존에 좋은 환경이다. 좀비기업 증가가 금리를 더 떨어뜨리는 악순환에 빠지지 않도록 해야 한다.

▶ 금리가 제로에 근접하게 되면 빚은 많고 이익은 거의 없는 좀비기업도 지불할 이자가 줄어 생존이 쉬워진다.

▶ 좀비기업이 많을수록 해당 산업은 출혈경쟁, 과당경쟁으로 업황이 악화되고 이익률이 낮아진다. 이런 산업이 많은 경제일수록 고수익 투자처가 줄어들어 금리가 낮아지는 악순환에 빠질 위험성이 높다.

금융기관들의 '리스크 관리' 및 이들에 대한 정책당국의 '금융감독'이 중요해진다.

▶ 전반적으로 투자수익률이 낮아지는 저금리 환경에서는 낮아진 투자수익률을 높이기 위해 무리해서 리스크가 높은 투자를 시도하는 경우가 늘어날 수 있다. 금융회사들은 리스크 관리와 관련된 내부 통제 절차를 강화해야 한다.

▶ 금융회사 차원에서도 예대금리차 축소, 자산운용수익률 하락 등을 극복하기 위해 고위험 투자를 시도할 가능성이 높아진다. 이러한 리스크를 감당하지 못해 금융회사가 어려워질 경우, 금융시장 전체의 시스템 리스크로 전이되는 것을 막기 위해 많은 경우에 국민의 세금에 해당하는 공적 자금이 투

입된다. 투자자 입장에서는 1인당 5,000만 원까지 보호되는 은행 예금 이외의 금융상품은 투자 원금 회수가 어려워질 수도 있다. 정책당국의 금융감독이 더욱 강화되어야 한다.

9

제로섬 경제

'남의 것을 빼앗아야만' 생존 가능한 경제

- '국가 간 제로섬 게임의 결과'로서 나타난 보호무역주의와 무역갈
  등은 주요국의 경제 성장세가 둔화되면서 더욱 격화될 것이다.

- 수출 의존도 높은 우리나라가 더 큰 타격을 입는 가운데, 성장이
  정체된 내수시장을 놓고 자영업자들의 생존 경쟁은 더 치열해질
  것이다.

- 자금을 지원해 폐업과 도산을 막는 '버티기' 정책이 한계에 이르면
  서 기업과 자영업자들의 생사를 가르는 '선택 기제'가 작동될 전망
  이다.

제로섬 게임: '한쪽의 이득+다른 쪽 손실=제로'가 되는 게임이다. 승자의 이득은 곧 패자의 손실을 뜻하므로 전체의 합은 증가하지 않는다. 즉, 제로섬 게임$^{Zero-Sum Game}$은 '승자독식$^{勝者獨食, winner-take-all}$'으로 승자가 되기 위한 치열한 대립과 경쟁을 유발시킨다.

앞으로 우리가 직면할 경제는 점점 더 '제로섬 게임'에 가까워질 것이다. 여기서의 섬^{sum}, 즉 합계는 경제 안의 다양한 주체들의 이득과 손실의 합계다. 그 합계가 제로라는 것은, 누군가의 플러스 이득이 다른 누군가의 마이너스 손실이라는 의미다. 피자를 여러 사람이 나누어 먹는 상황이 이에 해당한다. 내가 더 큰 조각을 먹으면 다른 이들은 더 작은 조각을 먹을 수밖에 없다. 피자 자체의 크기가 커지지 않는 한 모두가 더 큰 조각의 피자를 먹는 것은 불가능하다.

피자의 크기가 커지는 일이 현실에서는 불가능하지만 경제에서는 가능하다. 즉 경제가 성장하면, 그래서 나누어 먹을 피자 자체의 크기가 커지면, 내가 더 큰 조각의 피자를 먹을 때, 다른 이들도 더 큰 조각의 피자를 먹는 것이 가능해진다. 그런 면에서, 성장하지 않는 경제는 크기가 정해진 피자를 나누어 먹어야 하는 '제로섬 게임'에 해당한다. 반면, 성장하는 경제는 크기가 점점 커지는 피자를 나누어 먹는 '포지티브섬 게임$^{Positive-Sum Game}$'에 해당한다. 경제 안의 다양한 주체들의 이득과 손실의 합계가 플러스(+)인 상황, 즉 누군가가 플러스 이득을 낼 때, 다른 사람들도 플러스 이익을 낼 수 있는 경제다.

'성장이 멈춘 경제'에서 '제로섬 게임'이 벌어진다

경제의 성장 여부가 중요한 이유다. 어떤 경제가 성장을 멈춰버리면, 즉 경제성장률이 제로가 되면, 그 경제는 제로섬 게임이 만연하는 '제로섬 경제'가 된다. 내가 이득을 보려면, 다른 누군가는 손실을 봐야 하는, 즉 다른 이의 이득을 빼앗아 오지 않으면 안 된다. 승자가 나오려면 패자가 존재할 수밖에 없다. 승패가 분명하게 갈리는 축구, 권투, 레슬링 등의 경기가 이와 유사하다. 그렇다 보니 승자가 되고 생존하기 위한 치열한 경쟁과 대립이 불가피하다. 상대를 도태시켜 아예 경쟁에서 탈락시킬수록, 그래서 경쟁자의 숫자가 줄어들수록 내가 먹을 수 있는 피자 조각의 크기가 커진다. 심지어 마지막에 홀로 남는 이는 피자 한 판을 혼자 다 먹는 '승자독식' 상황을 누릴 수도 있다.

반면에 성장하는 경제는 포지티브섬 게임이 가능한 '포지티브섬 경제'가 될 수 있다. 다른 이의 이득을 빼앗아 오지 않더라도 내가 이득을 볼 수 있다. 내가 이득을 볼 때 다른 이가 이득을 볼 수 있으며, 심지어 다른 이가 이득을 보는 것이 나의 이득을 늘리는 데 도움이 되기도 한다. 기록경기인 육상, 수영 등이 이와 유사하다. 경쟁자가 잘해서 좋은 기록을 낸다면 함께 경쟁하는 나도 분발하여 좋은 기록을 낼 가능성이 높아진다. 함께 잘한다면 상위 라운드, 결선 라운드 등에 동반 진출하는 경우도 있다. 자연스럽게 경쟁과 대립보다는 나의 실력 향상, 역량 발휘 등이 더 중요해진다. 무한 생존 경쟁보다 협력과 협조가 발생할 여지가 많아진다.

격화되는 무역갈등은 '국가 간 제로섬 게임'의 결과다

그런 면에서 세계 경제에서 고조되고 있는 보호무역주의와 무역갈등은 세계 경제 성장세가 둔화되면서 나타난 '국가 간 제로섬 게임의 결과'로 볼 수 있다. 자국의 무역수지를 개선시키기 위해 다른 나라의 수출입에 압박을 가하고, 자국의 경제성장률을 높이기 위해 다른 나라의 경제에 부담을 전가하는 움직임이 갈수록 확산되고 있다.

2000년대 들어 '브릭스BRICs'라는 용어가 세계 경제의 키워드가 될 정도로 브라질, 러시아, 인도, 중국 등 거대 신흥국들이 세계 경제에 본격적으로 편입되었다. 글로벌 기업들은 선진국에 있던 생산설비를 인건비가 저렴한 신흥국으로 대거 이동시켰고, 저렴한 노동력을 바탕으로 값싼 물건을 대량으로 만들어 선진국 소비시장에서 팔았다. 그 결과, 신흥국들이 고성장하는 가운데 세계 경제성장률은 높아지는 가운데에서도 물가 상승률은 낮은 수준을 유지할 수 있었다. 그러나 그 과정에서 공장이 사라지고 일자리가 줄어든 선진국 근로자 계층은 커다란 타격을 입었다. 실제로 1990년대 평균 3.8%이던 신흥국 경제성장률은 2000년대 평균 6.2%로 크게 높아졌고, 세계 경제성장률도 3.2%에서 3.9%로 높아졌지만, 선진국 경제성장률은 2.9%에서 1.7%로 낮아졌다.

이렇게 누적되던 불만은 글로벌 금융위기 이후 세계 경제 성장세가 전반적으로 저하되면서 선진국 내부를 넘어 외부적으로도 표출되기 시작했다. 높아지던 신흥국 경제성장률과 세계 경제성장률은 2010년대 평균 4.3%와 2.9%로 하락 반전되었고, 특히 선진국 경제성장률은 1.1%로 더욱 낮아졌다. 내부적인 경제적 어려움의 원인을 신흥국, 이민자, 난민 등 외부로 돌리는 주장들이 힘을 얻으면서 영국은 브렉시트를 결정했고, 미국에서는 트럼프가 대통령으로 당선되었다. 공교롭게도 이 시기에 미국의 트럼프, 중국의 시진핑, 러시아의 푸틴, 일본의 아베 등 소위 '스트롱맨strong man' 스타일의 주요국 지도자들이 '자국 우선주의' 정책을 펴면서 국가 간 갈등과 대립은 더욱 심화되었다. 그리고 세계 경제의 흐름은 '세계화에서 탈세계화'로, '국제분업에서 경제블록화'로, '자유무역에서 보호무역'으로 바뀌었다.

이런 면에서, 트럼프의 미국 대통령 취임 이후 크게 늘기는 했지만, 전 세계적인 보호무역주의 움직임과 무역갈등은 갑자기 나타난 것이 아니다. 오랫동안 선진국 내부에서 누적되어 온

전통산업 붕괴, 일자리 감소, 근로자 계층의 경제적 어려움 등 문제들이 유럽 내 국수주의 열풍, 영국의 브렉시트 결정, 트럼프의 미국 대통령 당선 등을 통해 정치적으로 표출된 결과다. 그리고 그 배경에는 2000년대 들어 크게 진전된 세계화와 국제분업에 대한 선진국 국민들의 불만이 자리 잡고 있었다.

힘센 국가들을 중심으로 자국의 경제적 어려움을 완화시키기 위해 다른 나라에 경제적 어려움을 전가하려는 움직임들이 늘고 있다. 자국의 수출은 늘리고 수입은 줄여 국제수지를 개선시키기 위해 고율 관세 부과, 환율조작국 지정 등으로 교역 상대국들에게 수출은 줄이고 수입은 늘리라는 압박을 가하고 있다. 자국 내의 생산과 일자리를 늘리고 자국 근로자들의 소득을 높이기 위해 무역 제한조치, 세제 혜택 부여 등을 통해 국내외 기업들에게 자국 안에 공장을 지어 생산하도록 유도하고 있다. 국제적 공정경쟁의 룰보다 힘의 논리가 우선시되는 가운데 치열한 제로섬 게임이 국제적으로 벌어지고 있다. 그 배경에는 둔화되는 세계 경제 성장세와 각국의 가중되는 경제적 어려움이 자리 잡고 있다. 마치 한 국가의 경제가 성장을 멈추면 그 경제 전체가 제로섬 경제가 되는 것과 유사한 현상이 글로벌 차원에서 벌어지고 있는 셈이다.

대공황 당시의 '잘못된 선택'이 되풀이되고 있다

코로나19 경제위기는 이러한 움직임을 더욱 심화시킬 가능성이 높다. 과거 경제 대공황 당시에도 유사한 일이 벌어졌다. 1929년 뉴욕 증시의 대폭락을 시작으로 발생한 대공황으로 인해 미국에서는 기업들이 연쇄적으로 도산하면서 1,500만 명에 달하는 실업자가 발생했고 실업률은 25%에 육박했다. 그러자 당시 미국은 자국의 산업 부흥과 일자리 보호를 명분으로 강도 높은 보호무역주의 정책을 폈다. 대표적인 것이 2만여 개의 수입품에 평균 59%, 최고 400%의 살인적인 관세를 부과한 '스무트-할리 관세법Smoot-Hawley Tariff Act'이었다. 결과는 의도와 정반대로 나타났다. 미국의 고율 관세에 영국, 프랑스 등 교역 상대국들도 보복관세로 대응한 결과, 1929년부터 1933년까지 세계 무역량은 60%나 감소했다. 그 여파로 미국 경기침체의 골은 더욱 깊어졌으며, 대공황은 미국을 넘어서 전 세계로 확산되었다. 당시 미국이 취했던 자국 이기주의적인 보호무역주의 정책은 대공황을 심화시킨 주된 원인으로 지적된다.

과연 세계는 과거의 잘못으로부터 교훈을 얻은 걸까? 그리고 이를 바탕으로 잘못된 선택을 되풀이하지 않을까? 전망은 밝지 않다. 슬프게도 참혹한 전쟁이 계속해서 되풀이되는 것처럼, 경제적인 면에서도 인류는 과거의 잘못된 선택을 반복하려는 모습을 보이고 있다. 자국의 무역수지 적자를 줄이기 위해 교역 상대국에게 무역수지 흑자를 줄이라고 강요하고, 자국 내 실업을 다른 나라로 전가하려는 노력이 계속되고 있다. 최근 들어서는 이러한 '근린궁핍화' 움직임이 주요국들 사이의 패권 경쟁과 맞물려 더욱 격화되는 모습이다.

향후 세계 경제성장률 전망을 감안할 때 이러한 움직임은 주요 선진국들을 중심으로 더욱 거세질 전망이다. 가장 먼저 코로나19를 겪었지만 비교적 빠르게 빠져나온 중국과 달리 미국, 유로존, 일본 등 선진국에서는 계속해서 대규모 코로나 감염자 및 사망자가 발생하고 셧다운으로 인한 경제적 충격이 커지고 있다. 이에 따라 신흥국들에 비해 선진국들의 경제성장률이 더욱 큰 폭으로 급락하고 경제적 충격 회복에도 더욱 오랜 시간이 걸릴 것으로 예상된다. IMF는 2020년 10월 경제전망에서 2020년의 선진국 경제성장률은 -5.8%, 신흥국 경제성장률은 -3.3%로 전망했다. 특히, 중국은 1.9%의 플러스 경제성장률을 기록할 것으로 예상한 반면 미국, 유로존, 일본의 경제성장률은 각각 -4.3%, -8.3%, -5.3%로 크게 낮아질 것으로 예상했다.

이러한 선진국들의 경제 상황은 이들 국가의 보호무역주의를 더욱 부추길 전망이다. 자국의 경제적 어려움이 가중될수록 고율 관세 부과, 무역 제한조치, 수입 확대 요구 등 보호무역주의 조치들을 통해 자국의 경제적 어려움을 교역 상대국에 전가할 가능성이 높아지기 때문이다. 이처럼 나만 잘되고, 나만 잘살고자 하는 '자국 이기주의' 움직임이 더욱 확산되고 경쟁적 양상마저 띠게 된다면, 세계 교역은 더욱 위축되고 세계 경제 전체가 불황에 빠질 위험성이 더욱 높아진다.

글로벌 교역 위축될수록 우리나라가 더 큰 타격 입는다

문제는 우리나라처럼 수출 의존적인 경제 구조를 가진 나라일수록 이런 상황에서 더 큰 타격을 입는다는 점이다. 수출이 그 나라 GDP에서 차지하는 비중을 '수출 의존도'라고 한다. 2019년 기준 수출 의존도를 국가별로 비교해보면, 한국 33%, 중국 17%, 일본 14%, 미국 8% 수준이다. 우리나라의 수출 의존도는 중국의 1.9배, 일본의 2.4배, 미국의 4.1배에 달한다. 그만큼 경제가 수출에 많이 의존하고 있으며 글로벌 교역이 위축되고 수출이 어려워질수록 국가 경제 전체가 어려워질 가능성이 높음을 의미한다.

2017년 트럼프의 미국 대통령 취임 당시 미중 무역갈등의 전운이 고조되자 많은 경제분석 기관들은 향후 미중 무역갈등이 심화될 경우 국가별로 받을 경제적 충격을 예상한 바 있다. 이때 대만과 함께 가장 큰 타격을 입을 것으로 꼽힌 나라가 우리나라였다. 경제의 높은 수출 의존도와 함께 우리나라 교역 내에서 가장 높은 비중을 차지하는 두 교역 상대국이 중국과 미국이기 때문이다. 두 나라의 충돌이 격화될수록, 이로 인해 두 나라의 경제가 타격을 입고, 두 나라의 수출과 수입이 위축될수록 우리나라가 입는 충격도 커진다. 우리나라 수출의 25%가 대중국 수출이고, 대중국 수출의 80%가 중국이 해외로 수출하는 제품에 쓰이는 중간재와 자본재 수출이다. 결국 미중 무역갈등으로 인해 중국의 미국에 대한 수출이 위축될수록 우리나라의 중국에 대한 수출도 위축될 수밖에 없는 구조다.

우려되는 점은 미국이 중국뿐만 아니라 우리나라, 유로존, 일본 등 다른 나라들에 대해서도 보호무역 조치들을 확대하고 있고, 이러한 미국의 움직임에 다른 나라들도 맞대응하면서 무역장벽을 높이는 움직임이 경쟁적으로 확산되고 있다는 점이다. 그 결과, 과거 대공황 당시와 마찬가지로 글로벌 교역 자체가 위축되고 이로 인해 세계 경제 성장세가 더욱 둔화될 위험성이 높아지고 있다. 여기에 코로나19의 확산을 막기 위한 각국의 셧다운, 락다운 등 경제 제한조치들로 인해 물적, 인적 이동이 제한되면서 글로벌 교역은 더욱 급격하게 위축되고 있다.

IMF에 의하면, 세계 경제 성장률은 2018년 3.6%에서 2019년 2.9%로 0.7%p 낮아졌다. 같은 기간 세계 교역 증가율은 3.8%에서 0.9%로 2.9%p나 낮아졌다. IMF는 2020년 10월 경제전망에서 2020년 세계 경제가 -4.4% 역성장할 것으로 예상하면서 세계 교역은 -10.4% 역성장할 것으로 전망했다. 세계 경제 성장세도 둔화되고 있지만 세계 교역은 더 가파르게 위축되고 있는 셈이다. 내수시장이 작아 수출을 하지 않으면 경제가 유지되기 어려운 우리나라에 매우 불리한 상황이 향후에도 지속될 가능성이 높다.

편의점과 화장품 매장이 생겼다 금세 사라지는 이유

사실 경제가 어려워지면서 벌어지는 제로섬 게임은 우리나라 바깥보다도 안에서 더욱 치열하다. 해외시장보다 성장이 더욱 정체된 내수시장을 놓고 수많은 기업과 자영업자들이 경쟁하는 이 제로섬 게임은 이익을 더 얻고 덜 얻고 정도가 아니라 생존하느냐 생존하지 못하느냐의 양상을 띤다.

우리나라 안의 제로섬 게임이 더욱 치열한 근본적인 이유는 무엇일까? 세계 경제 성장세보다 우리 경제 성장세가 더 부진하고, 수출이 포함된 우리 경제 전체 성장세보다 내수를 반영하는 민간소비 성장세는 이보다 더 부진하기 때문이다. 연간 성장률 기준으로 우리나라 경제성장률은 2010년대 들어 한 해도 세계 경제성장률보다 높은 적이 없었다. 특히 2019년 우리나라 경제성장률은 2%로서 세계 경제성장률 2.9%보다 0.9%p 낮았는데 이는 2012년 1.1%p 이후 세계 경제성장률과 가장 큰 성장률 격차였다. 문제는 이렇게 부진한 우리나라 경제 성장세 속에서 민간소비 성장세는 더 부진하다는 점이다. 우리나라 민간소비 지출 증가율은 2006년 이후 지속적으로 경제 전체 성장률보다 낮았다. 유일한 예외가 2018년으로서 이때에는 민간소비지출 증가율이 경제성장률보다 0.3%p 높았다. 하지만 이러한 상황은 지속되지 못했고, 바로 다음 해인 2019년 민간소비지출 증가율은 다시 경제성장률보다 0.3%p 낮아졌다.

피자가 커지지 않더라도 만약 피자를 나누어 먹는 사람들이 줄어든다면 상황이 악화되지 않을 수도 있다. 그러나 우리나라의 경우 이미 제로섬 게임이 치열한 내수시장에서 '피자를 나누어 먹어야 하는 사람 숫자'가 계속 늘어나면서 생존 경쟁이 더욱 치열해지고 있다. 도소매업 및 음식숙박업이 이에 해당하는 대표적인 업종이다. 이들 업종은 실업, 조기 퇴직, 은퇴 등으로 급여생활자 지위에서 이탈한 이들이 소규모 자기자본에 대출을 더해 창업하는 경우가 많은 업종들이다. 그렇다 보니 전체 시장 규모에 비해 영세 자영업자의 수가 많고, 상황이 어려워져 폐업, 도산, 대출 연체가 발생할 경우 서민 경제와 체감 경기에 큰 영향을 미친다.

문제는 우리나라 경제성장률, 특히 민간소비지출 증가율이 부진한 상황에서도 이들 업종의 사업체 수는 계속해서 늘었다는 점이다. 우리나라 도소매 및 음식숙박 업종 사업체 수는 2009년 86만 개에서 2018년 103만 개로, 10년 동안 17만 개나 늘었다. 그 결과, 인구 1,000명당 도소매 및 음식숙박 업체 수는 2009년 17.4개에서 2018년 19.9개로 늘었다. 그만큼 성장이 정체된 한정된 내수시장을 놓고 이들 업종 내의 경쟁이 치열해졌음을 의미한다.

특히 소매업의 경우, 폐업도 많았지만 신규 진입은 더 많아 사업체 수가 계속 늘면서 경쟁이 심화되었다. 2018년과 비교해 2019년에 폐업한 전체 사업자 수는 2.4% 증가했지만, 폐업한 소매업 사업자 수는 6%나 증가했다. 이 기간에 신규로 사업을 시작한 전체 사업자 수는 4.1% 감소했지만, 신규 소매업 사업자 수는 13.1%나 증가했다. 폐업도 많았지만 신규 진입은 더 많았던 결과, 소매업 사업자 수는 1년 사이에 5.2%나 증가했다. 우리 주변에서 편의점, 휴대폰 매장, 화장품 매장 등이 생겼다 금세 사라지기를 반복하는 현상들을 쉽게 볼 수 있는 이유다.

누구를 살릴 것인가에 대한 고통스러운 결정

이처럼 악화되고 있던 자영업자들과 기업들의 상황은 코로나19로 인한 사회적 거리 두기, 외출, 외식, 쇼핑 자제 등으로 인해 더욱 어려워지고 있다. 코로나19 이후 내수소비 위축의 영향이 본격적으로 반영되기 시작한 2020년 2분기에 우리나라 전체 가구의 '사업소득'은 전년 동기 대비 4.6% 감소했다. 특히 소득 하위 20% 가구의 사업소득은 15.9%나 감소했다. 소득이 적고 사업규모가 적은 영세 자영업자일수록 코로나19로 인한 충격을 더욱 크게 받고 있음이 확인된다. 고용통계 상으로도, 2020년

2분기에 '고용원이 있는 자영업자'의 수는 전년 동기 대비 18만 4,000명 감소한 반면, '고용원 없는 자영업자'는 8만 1,000명 증가했다. 사정이 어려워지면서 아예 폐업하거나, 종업원들을 내보내고 종업원 없이 혼자 버티는 자영업자들이 늘어난 상황을 반영한 결과로 보인다.

매출과 소득이 급감한 자영업자들과 기업들의 대출 연체 및 연쇄 도산을 방치할 수 없는 정부는 가계에 대한 긴급 재난지원금 지급, 자영업자들과 기업에 대한 긴급 자금지원 등을 통한 '버티기 전략'을 펼치고 있다. 그 때문인지 2020년 상반기까지도 기업과 가계의 은행 대출 연체율, 어음부도율 등 지표는 코로나19 발생 이전과 비슷한 수준을 유지할 수 있었다. 이는 앞서 언급한 가구소득 통계에서도 확인된다. 2020년 2분기에 우리나라 전체 가구가 정부로부터 받은 '공적 이전소득'은 전년 동기 대비 128%, 금액으로는 가구당 43만 6,000원이나 증가했다. 그 결과 사업소득, 근로소득, 재산소득 등 여타소득들이 모두 전년 동기 대비 감소했음에도 불구하고 전체 소득은 도리어 4.8% 증가했다.

문제는 정부가 과연 '언제까지 이렇게 할 수 있을까, 언제까지 이렇게 할까' 하는 부분이다. 당초 희망과 달리 코로나19의 종식은 늦어지고 있고 재확산 가능성은 높아지고 있다. 2020년 상반기까지 결정된 지원 규모만 해도 175조 원을 넘지만, 경제활동 위축이 길어지면서 버티기 어려워지는 자영업자들과 기업들은 계속 늘어나고 있다. 반복적인 추가경정예산 편성과 재난 지원금 지급으로 2020년 한 해 동안에만 국가부채는 100조 원 이상 증가했다. 이런 속도로 국가의 빚이 계속 늘어난다면 우리나라의 국가 신인도는 하락하고 국가신용등급은 강등될 가능성이 높다.

코로나19가 2020년을 넘어서 지속된다면 그동안 시행해온 '버티기 전략'에 대한 회의론이 대두될 가능성이 높다. 막대한 돈은 계속 들어가는데 상황은 호전되지 않을 경우 '정책 무기력증'에 빠질 가능성도 있다. 이는 모든 자영업자와 기업을 망하지 않도록 하면서 '함께 안고 가는' 기존 전략이 옳은가, 지속 가능한가에 대한 고민으로 연결될 것이다.

계속해서 대규모로 돈을 쓰기 어려워진다면 결국 정책당국은 '누구를 계속 도와주고, 누구를 그렇게 하지 않을 것인가'와 관련된 '고통스러운 결정'에 내몰리게 될 가능성이 높다. 소위 정책당국에 의한 '선택 기제selection mechanism'가 작동되어야만 하는 시기다. 이와 같은 상황이 오지 않기를 간절히 바라지만 현실화될 가능성은 점점 높아지고 있다. 비정상적인 경제 상황 속에서 정책당국의 자금지원에 기대어 연명하던 자영업자와 기업들이 많을수록 이러한 결정은 수많은 자영업자들과 기업들의 생사 여부를 결정할 것이다.

이때 선택의 기준은 크게 3가지가 될 가능성이 높다. '고용시장에 미칠 충격', '금융시장에 미칠 충격', '산업 경쟁력'이다. 이런 면에서 사람을 많이 고용하고 있지 않거나, 부채가 아주 많지 않거나, 산업 경쟁력이 이미 중국 등에 따라 잡힌 업종이나 기업은 '선택받지 못할' 가능성이 높다. 반대로 대규모 실업자 발생으로 고용지표를 악화시킬 수 있거나, 대출 부실화로 금융기관들의 건전성을 악화시킬 수 있거나, 미래 성장 산업으로 분류된 업종이나 기업은 '선택받을' 가능성이 높다.

이러한 조짐은 이미 발표된 기업 자금지원 정책에서도 확인된다. 2020년 5월에 40조 원 규모로 발표된 '기간산업 안정기금 운용방안'에서는 근로자 수 300인 이상, 총 차입금 5,000억 원 이상과 같이 고용 규모와 부채 규모를 지원대상 요건으로 정했다. 자금난을 겪고 있는 기업과 자영업자들로서는 이러한 '선택기제'의 작동에 미리 대비하는 것이 점점 더 중요해질 것이다.

'누구를 계속 살릴 것인가'
선택의 시간이 다가온다

보호무역과 자국 이기주의로 표출되는 '국가 간 제로섬 게임'은
지속될 것이다.

▶ 영국의 브렉시트 결정과 트럼프의 미국 대통령 당선은 우연이 아니다. 오랫
동안 누적된 세계화, 경제통합, 자유무역에 대한 선진국 국민들의 불만의 상
징이다. 세계화에서 탈세계화, 자유무역에서 보호무역으로의 커다란 흐름
변화는 아직 진행 중이다.

▶ 신흥국, 수입품, 이민자, 난민들이 일자리와 소득을 가져갔다고 생각하는 선
진국 노동자들의 불만이 사라지지 않는 한, 이들에게 어필하여 세력을 얻으
려는 자국 우선주의, 인종주의, 극우주의 정치인들은 앞으로도 계속 나올
것이다.

누가 미국 대통령이 되든, 어느 당이 집권하든, 미중 갈등은 계속된다.

▶ 미국의 중국에 대한 무역 압박과 경제 제한조치들을 트럼프와 그 측근들만의 특성으로 해석해서는 안 된다. 중국을 바라보는 미국 정치권의 전반적인 시각이 공화당과 민주당을 가리지 않고 예전과 달라졌다. 시장경제가 발전하도록 도우면 글로벌 동반자가 될 수 있는 국가로 바라보다가, 전체주의 성향을 결코 포기하지 않으면서 미국의 패권을 위협할 수 있는 국가로 중국을 보게 되었다는 것이다. 결국, 미국의 중국에 대한 견제와 압박은 공화당에 의해서건, 민주당에 의해서건 공통적으로 유지될 가능성이 높다.

무역과 관련된 일을 한다면 세계 경제성장률보다 '세계 교역 증가율'을 중시해야 한다.

▶ 세계 경제성장률과 비슷하게 움직이던 세계 교역 증가율이 2019년 이후 세계 경제성장률에 크게 못 미치기 시작했다. 보호무역주의 움직임이 확산되면서 교역 장벽이 높아진 때문이다. 무역 활동에 있어서는 세계 경제성장률보다 세계 교역 증가율이 더 중요할 수 있다.

세계 교역의 위축은 '거대 내수시장을 지닌 국가들'의 메리트를 높인다.

▶ 국제분업Global Supply Chain보다 지역분업Regional Supply Chain, 더 나아가 자국 안에서 생산하려는 움직임National Supply Chain이 강해질수록 특정 국가의 내수시장 규모가 중요해진다.

▸ 세계 교역이 위축되는 상황에서는 미국, 중국, 인도 등 자국 내수시장이 큰 국가들이 상대적으로 선전할 가능성이 높다. 반대로 우리나라, 대만, 독일 등 수출 의존적 경제 구조를 지닌 국가들은 고전할 가능성이 높다.

기업과 자영업자들은 향후 예상되는 '정책당국의 선택 기제' 작동에 대비해야 한다.

▸ 코로나19 경제충격에 대응한 정책당국의 지원 정책이 계속될 것이라고 생각하는 것은 위험하다.

▸ 기업이 도산할 경우 고용시장에 충격을 줄 정도로 사람을 많이 쓰고 있지도 않고, 자금시장에 충격을 줄 정도로 부채가 많거나 기업 규모가 큰 것도 아니며, 산업 경쟁력이 약화되고 있거나 이미 약화되었다고 많은 이들이 생각하는 업종에 속해 있다면 더더욱 긴장해야 한다.

▸ 현금 흐름 관리를 강화하고 기업신용등급이 하락하지 않도록 노력해야 한다. 정책당국과의 관계 유지 및 소통도 강화해야 한다.

정책당국에 앞서 '금융시장 자체적인 선택 기제'가 먼저 작동될 수 있다. 금융기관들의 움직임을 예의주시해야 한다.

▸ 2020년 시행된 첫 번째 기업 자금지원 방안인 '채권시장 안정기금'부터 이미 그 조짐이 나타났다. 재원의 대부분을 제공한 금융기관들이 신용등급이 낮은 기업들에게 돈을 공급하는 것을 반대하면서 자금 집행이 지연되었다.

▸ 돈이 풀리는 채널에 해당하는 금융기관들이 움직이지 않으면 정책당국의 기업 자금지원 대책들이 효과를 내기 어렵다. 2020년 상반기에만 채권시장

안정펀드, 프라이머리 CBO, 비우량 회사채·CP 매입기구 등 유사한 대책들이 계속해서 나왔다는 것은 이전에 나왔던 대책들이 제대로 효과를 거두지 못했다는 증거다.

▶ 부실채권이 늘어 자본건전성에 악영향을 미칠 것으로 예상되면 금융기관들은 경쟁적으로 대출심사를 강화하고, 자금 제공에 신중을 기할 가능성이 높다. 부실기업 대출의 경우, 돈을 빌려준 금융기관으로서는 대출금을 먼저 회수할수록 손실을 적게 보고 대출금을 회수할 가능성이 높아지기 때문이다.

코로나19가 장기화되거나 재발하는 상황에서는 '어떻게 생존할지'에 주력해야 한다.

▶ 상황을 낙관하는 것은 위험하다. 많은 감염, 백신, 방역 전문가들은 코로나가 진정되는 데 3년 이상이 걸릴 수 있다고 경고한다. 코로나19가 사라지지 않고 계속 함께 살아가야 할 것이라고 경고하는 전문가들도 많다.

▶ 현금 관리를 강화하고 재무 건전성을 재고해야 한다.

위기 이후 다가올 '기회'에 미리 대비해야 한다.

▶ 과거에도 누군가의 '위기'는 다른 이에게 커다란 '기회'였다. 글로벌 금융위기 등 경제위기 뒤에는 항상 커다란 기업 인수 합병 유행M&A wave이 있었다.

▶ 2020년 코로나19로 악화된 자금 조달 환경에서 기업들의 대출이 급증한 것은 상황이 어려워진 기업들의 자금 부족 때문만이 아니다. 향후 예상되는 커다란 기업 인수 합병 유행에 대비하여 미리 자금을 확보하려는 우량기업들의 대출 증가도 중요한 이유였다.

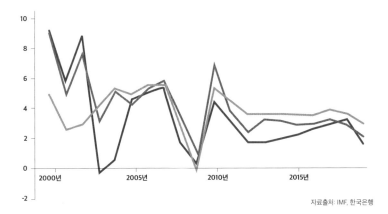

세계 및 한국 경제성장률 비교(전년 대비 증가율)

— 한국 경제성장율　— 한국 민간소비지출 증가율　— 세계 경제성장율

자료출처: IMF, 한국은행

3부

ZERO

'제로 이코노미'에서
살아남기

ECONOMY

어떻게 하면 '코로나 경제위기'에서 생존할 수 있을까?

현실화되는 '제로 이코노미'에 어떻게 대응해야 할까?

'제로 이코노미'를 늦추거나 피해갈 수는 없을까?

이를 위해 가계와 기업과 정부는 무엇을 해야 할까?

우리 경제가 제로 이코노미를 향해 다가가고 있지만, 미래는 바뀔 수 있다.

하지만 그 활로를 찾기란 마치 '가본 적 없는 깜깜한 우주를 향해 나아가는 것'처럼

막막하고 어려운 여정이 될 것이다.

설령 백신이 개발되더라도 코로나가 장기화될 수 있음을 전제로

모든 계획을 세워야 한다.

낙관론에 근거한 대응, 단기적 고통을 줄이려는 조급함은 더 큰 위기를 초래할 수 있다.

동시에 위기 속에서 기회를 찾아야 한다.

자산가격의 급등락, 4차 산업혁명의 가속화, 소득/소비/자산시장의 양극화,

급변하는 국제무역과 글로벌 생산구조, 기업 구조조정 등은

누군가에게는 '위기'이겠지만 다른 누군가에게는 '커다란 기회'가 될 것이다.

그 역할과 비중이 점점 커지고 있는 정부는 코로나19 극복과

제로 이코노미 탈피를 위해 '새로운 정책 패러다임'이 필요하다.

10

우리 경제가
나아가야 할 활로,
'웜홀'을 찾아라

- '제로 이코노미화^化' 되는 우리 경제 상황은 영화 '인터스텔라' 속의 위기에 처한 지구와 비슷하다. 우리가 찾아야 할 활로 역시 영화 속의 '웜홀'과 비슷하다.

- 대응할 시간이 많지 않으므로 서둘러야 한다. 활로를 찾더라도 너무 오래 걸린다면 회복의 동력을 잃어버릴 수 있으므로 활로는 '지름길'이어야 한다.

- 웜홀처럼 시간의 흐름을 바꿀 수 있다면 경제가 천천히 늙거나 젊어지게 만들 수도 있다. 하지만 웜홀의 입구가 '블랙홀'인 것처럼 가는 길은 순탄치 않을 것이다.

"우리는 답을 찾을 것이다. 늘 그랬듯이^{We will find a way. We always}
^{have}."

— 영화 '인터스텔라' 중에서

우리는 지금 어떤 상황에 처해 있나? 우리에게는 어떤 활로
가 필요한가? 그 과정에서 우리는 어떤 일들을 겪게 될까? '제
로 이코노미'에 가까워지는 우리 경제의 활로에 대해 고민하다
머릿속에 떠오른 것은 영화 '인터스텔라'였다. 영화 속 위기에
처한 지구는 현재 우리 경제와 비슷하고, 주인공이 인류의 생존
을 위해 찾아 떠나는 '웜홀'은 우리 경제를 살릴 수 있는 활로와
많은 공통점을 지니고 있다.

서둘러야 한다

영화 '인터스텔라' 속의 지구는 죽어가고 있다. 대형 모래폭
풍이 땅을 뒤덮고 극심한 병충해로 작물 재배가 어려워져 인류
는 식량 부족에 시달리고 있다. 주인공이 가족들을 두고 생존의
길을 찾아 우주로 떠나는 것도 마지막 남은 옥수수마저 조만간
멸종될 것임을 알게 되었기 때문이다. 가만히 있으면 위기에 처
할 가능성이 높고, 대응할 시간이 많지 않다는 점에서 우리 경
제와 비슷하다.

우리 경제는 소득 양극화가 심화되고, 청년들은 장기 실업에서 벗어나지 못하고, 좀비기업이 전체 기업의 40%를 넘을 위험성이 높아지고 있다. 이미 인구가 줄기 시작했고, 소비 주력 계층은 더 빠르게 줄어, 2024년에는 '소비 협곡'에 빠질 가능성이 높다. 경제 성장세는 둔화되는데 재정적자는 늘고 국가 빚은 급증하면서 수년 안에 국가신용등급이 강등될 수 있다. 이러한 상황들을 피하려면 '서둘러' 새로운 활로를 모색해야 한다.

지름길이어야 한다

영화 '인터스텔라'에서 주인공이 찾아가는 웜홀은 우주여행의 '지름길'이다. 지름길이 필요한 이유는 지구 대신 인류가 살수 있는 별이 다른 은하계에 있어서, 지름길 없이 간다면 너무 오래 걸리기 때문이다.

목적지까지 도착하는 데 걸리는 시간을 단축할 지름길이어야 한다는 점에서 우리 경제가 찾아야 할 활로와 비슷하다. 가계 소득을 늘리고, 청년 실업난을 완화하고, 인구 감소 속도를 늦추고, 경제 성장세를 높이고, 산업 경쟁력을 회복하는 등 우리 경제가 풀어야 할 과제들은 어느 것 하나 쉬운 것이 없다. 달성하기도 어렵지만 동시에 긴 시간이 소요되는 과제들이다. 방향을 잘 잡았다 하더라도 효과가 나타나는 데 너무 오래 걸린다면 우리 경제가 회복의 동력을 아예 잃어버릴 수도 있다. 우리 경제의 활로를 찾는 데 있어서 '얼마나 빠른 지름길인가'가 중요한 이유다.

젊어질 수 있다

웜홀을 지나는 동안은 시간의 흐름이 달라진다. 시간이 느리게 흐르기도 하고, 거꾸로 흐르기도 한다. '천천히 늙거나 도리어 젊어질 수도 있는 것'이다.

우리 경제가 웜홀과 비슷한 활로를 찾았으면 하는 또 다른 이유다. 우리 경제의 인구와 산업은 매우 빠른 속도로 늙어가고 있다. 인구 고령화가 빠르게 진행될수록 노년층 부양 부담이 커진다. 주력 산업이 빠르게 노후화될수록 산업 구조조정 부담이 커진다. 이들은 공통적으로 경제성장률을 떨어뜨리고, 정부의 재정 부담과 국민의 조세 부담을 가중시킨다.

국가 경제가 천천히 늙거나 젊어진다는 것은 불가능한 이야기만은 아니다. 유로존과 일본이 인구 감소와 고령화로 활력을 잃어가는 상황에서도 미국은 높은 출산율과 이민자, 유학생의 꾸준한 유입 등을 통해 인구 측면의 활력을 유지하고 있다. 많은 서구 선진국들이 기존 주력 산업의 노후화로 경쟁력을 잃어가는 상황에서도 독일은 여전히 높은 제조업 경쟁력을 유지하고 있고, 미국은 인공지능, 로봇, 전기차 등 신산업에서의 경쟁력을 높여나가고 있다. 웜홀처럼 '시간의 흐름을 바꿀 수 있는 활로'를 찾는다면 우리 경제는 제로 이코노미가 되는 시기를 훨씬 뒤로 미루거나 아예 피해갈 수도 있을 것이다.

순탄치 않을 것이다

웜홀의 입구는 모든 것을 빨아들이는 '블랙홀'이다. 입구에 다가갈수록 타고 있는 우주선이 크게 흔들리고 요동칠 수밖에 없다. 출구인 화이트홀에서 나왔을 때, 과연 어떤 세상과 마주할지도 불확실하다.

앞으로 우리 경제가 찾고 통과해야 할 활로 역시 이와 비슷할 가능성이 높다. 경제의 체질을 개선하기 위해 필요한 제도와 규제의 개혁, 이해관계와 경제적 이익의 조정, 산업구조의 변화는 구성원들 사이의 갈등과 충돌, 불안과 고통을 유발할 가능성이 높다. 향후 우리 경제의 모습을 그릴 때 잘 그려지지 않을 수도, 서로 다른 모습을 그릴 수도 있다.

그러나 가만히 있을 때 우리를 기다리는 것이 제로 이코노미와 같은 어두운 미래라면, 예상되는 어려움과 불확실성 때문에 변화를 주저해서는 안 된다. 깜깜한 우주로 과감하게 나아가는 것과 같은 '용기'가 필요하다. 한정된 자원과 지식을 최대한 활용해 변화하는 상황에 대처하는 '유연성'이 필요하다. 우리가 달라지지 않는다면 달라질 미래도 없기 때문이다.

11

코로나19 대응전략

'코로나 장기화'에 대비해야 한다

- 코로나 위기는 지난 '100년' 동안 경험해보지 못한 유형의 경제위기다. 그나마 가장 유사해 보이는 사례가 1918년 '스페인독감'이다.
- 질병으로 인한 경제위기다 보니 향후 경기 흐름은 거의 전적으로 코로나에 달려 있다. 질병, 백신, 방역 전문가들의 이야기에 귀를 기울여야 잘못된 예측과 전망을 피할 수 있다.
- 생명과 경제 사이의 '딜레마 상황'에서 어려운 결정을 내려야 한다. 경제적 충격 때문에 방역을 위한 경제적 제한조치들을 무리하게 완화시킬수록 코로나는 재발하고 장기화된다.

"안전하고 효과적인 백신이 나오리라는 보장이 없다. 설령 나오더라도 그것만 가지고는 팬데믹을 종식하지 못할 것이다. 코로나 19 장기화를 준비해야 한다."

— 오명돈, 신종감염병 중앙임상위원회 위원장, 2020년 8월[*]

2008년 글로벌 금융위기는 이름 그대로 '금융위기'였다. 미국의 주택담보대출 연체가 문제의 시작이었고, 이로 인해 글로벌 금융기관들이 부실화되면서 문제가 전 세계로 확산되었다. '돈으로 인해 생긴 위기'이다 보니 전 세계 중앙은행들의 '돈 풀기'로 문제가 완화되었다. 그러나 코로나 경제충격의 원인은 '질병'이다. 돈을 풀어서 기업의 도산, 자영업자의 폐업, 가계의 파산 등을 늦추거나 막을 수는 있지만, 돈을 푼다고 해서 코로나가 사라지지는 않는다. 즉 코로나 위기는 질병이 확산되면서 실물경제 활동이 위축되거나 중단됨으로 인해 충격이 발생하는 '실물위기'다.

코로나 위기는 메르스, 신종플루, 조류독감 등 질병으로 인해 경험했던 경제충격들과도 매우 큰 차이점을 지니고 있다. 2015년 '메르스'의 경우, 발병지인 중동 지역을 제외하고 대규모 감염자와 사망자가 발생한 주요국은 우리나라 정도였다. 그렇다 보니

• 2020년 8월 코로나19 공동대응상황실·신종감염병 중앙임상위원회 기자회견

우리 경제에 미치는 충격도 1분기 정도에 걸친 소비의 급격한 위축이었다. 즉 당시에 내수는 타격을 입었지만 수출에는 큰 영향이 없었다. 그러나 코로나19는 세계 경제의 중요한 축이자 우리나라에 근접해 있는 중국에서 시작되고 빠르게 확산되었다. 내수뿐만 아니라 수출에도 상당한 타격이 불가피하다.

'스페인독감' 당시의 상황이 재연될 가능성이 높아지고 있다

2009년 '신종플루'의 경우, 우리나라뿐만 아니라 전 세계적으로 광범위하게 확산되었고, 세계보건기구가 범유행전염병, 즉 '팬데믹'으로 선언했다고 하는 점은 코로나19와 비슷하다. 그러나 코로나19와의 가장 중요한 차이점은 당시에는 '타미플루'라는 효과적인 치료약이 존재했다는 점이다. 사람들의 감염 및 사망에 대한 공포감, 그로 인한 경제적 충격의 영향에 있어 크게 다르다.

확산 속도와 범위, 그로 인한 감염자와 사망자의 규모, 치료제 또는 백신의 존재 여부, 전 세계 경제활동에 미치는 영향의 정도 등을 감안할 때 코로나19와 그나마 가장 유사해 보이는 사례는 100년도 더 전에 발생했던 1918년 '스페인독감Spanish flu'이다. 즉 현재 우리가 겪고 있는 코로나19라는 질병으로 인한 경제위기는 인류가 '지난 100년 동안 경험하지 못했던 경제위기'

인 셈이다.

여기서 주목해야 할 스페인독감의 특징들이 있다. 스페인독감은 1918년 봄부터 1919년 여름까지 채 2년도 안 되는 기간 동안 '3번의 대유행wave'이 있었다. 당시와 비교할 수 없을 정도로 인적, 물적 교류가 늘어난 지금 코로나19 역시 한 번의 대유행으로 끝나지 않을 가능성이 매우 높음을 시사한다. 스페인독감은 1차 세계대전을 벌이던 북반구 선진국들에서 처음 유행했다가 이들 국가에서 잠잠해진 동안 남반구 신흥국들로 옮겨가 유행한 후 다시 북반구 선진국으로 옮겨와 '재유행'했다. 코로나19 역시 미국과 유럽 등 선진국에서 대유행한 후, 이들 국가에서 다소 주춤한 동안 브라질, 인도 등 신흥국에서 감염자가 급증했고, 미국과 유럽에서 재유행했다는 점에서 스페인독감을 닮았다. 향후 선진국과 신흥국들 간에 시차를 두고 반복적인 재유행이 발생할 것인가에 주목해야 한다.

향후 경기 흐름은 코로나가 좌우한다

스페인독감으로 당시 전 세계 인구의 약 1/3인 5억 명이 감염되었고 그중 5,000만 명이 사망했다. 코로나19 역시 전염력이 매우 강하고 대규모 사망자를 발생시키고 있지만, 경제에 미치는 영향 측면에서 더 중요한 것은 '공포감'이다. 경험해보지 못

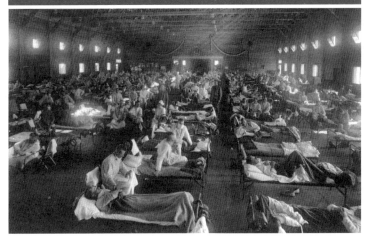

한 강한 전염력, 환자가 급증하면서 순식간에 가득 차버린 병상, 그로 인해 병에 걸리더라도 병원에 입원하거나 제대로 치료받기 어려울 수 있다는 사실, 가족들과 떨어져 사망한 후 냉동차 등에 보관되다가 집단으로 매장되었다는 뉴스 등으로 사람들이 느끼는 공포감은 커졌다. 그 결과, 사람들이 외출, 외식, 쇼핑, 여행 등을 꺼림에 따라 관련된 업종들을 중심으로 기업과 자영업자들의 매출이 줄거나 끊기면서 경제적 충격이 시작되었다. 사람들이 느끼는 '공포감'이 경제적 충격의 출발점이자 핵심인 셈이다.

특히 우리나라의 경우 상대적으로 감염자에 대한 동선 추적

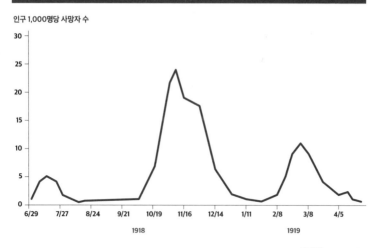

이 느슨했던 다른 나라들과 달리 또 다른 유형의 공포감도 큰 영향을 미치고 있다. 내가 감염되면 내가 다니는 직장 전체가 폐쇄되거나 멈춰버릴 수 있다는 점, 내가 다녔던 개인적 동선이 공개적으로 노출될 수 있다는 점, 나를 만난 사람들과 내 가족들이 격리되거나 피해를 입을 수 있다는 점, 이로 인해 조직적, 지역적, 사회적으로 내가 비난받을 수 있다는 점이 공포감을 더욱 증폭시켰다. 이러한 '사회적 공포감'이 커질수록 개인들의 경제활동은 더욱 위축되고 경제가 받는 타격도 더욱 커진다.

이처럼 질병으로 인해 경제충격이 발생했고 감염에 대한 공포가 해소되어야 경제활동이 정상화될 수 있다면, 앞으로의 경제 상황을 예측하기 위해서는 질병 자체를 자세히 들여다봐야 한다. 하지만 이처럼 당연해 보이는 이야기가 실제로는 간과되거나 무시되는 상황을 놀랍도록 자주 보게 된다. 가령, 과거 어떤 경제위기 당시에는 이랬으니 이번 경제위기에도 이럴 것이다, 최근 주가가 이렇게 움직였으니 앞으로는 이럴 것이다라는 식으로 전망하는 것이다.

계량경제학을 전공한 연구자의 관점에서 볼 때 이는 매우 위험할 수 있는 분석들이다. 경제성장률, 물가, 실업률, 금리, 환율, 주가 등 과거의 데이터들을 분석함으로써 미래를 전망할 때의 기본적인 전제가 있다. 과거 개별 경제변수들의 특성 또는 경제변수들 사이의 상호 관계가 지금도 그리고 앞으로도 비슷하게 유지된다는 것이다. 만약 이런 전제조건이 충족되지 못할 정도로 경제 환경이 바뀌었거나 경제위기를 유발한 원인이 전혀 다른데도 과거의 숫자들을 들여다보면서 미래를 예측한다면 '잘못된 예측'을 할 가능성이 높아진다.

'진짜 전문가'들의 경고에 귀 기울여야 한다

대개의 경우 필자와 같은 이코노미스트들이 받는 질문은 크게 3가지다. 첫째, 현재 경제는 어떤 상황인가? 둘째, 어떤 정책적 대응이 필요한가? 셋째, 앞으로 경제는 어떻게 될까? 그러나 이번 코로나 위기처럼 질병과 같은 비경제적 요인으로 인해 발생한 경제위기 상황에서 주로 경제를 들여다보던 사람들은 첫 번째와 두 번째 질문에는 어느 정도 답을 할 수 있지만 세 번째 질문에는 제대로 답을 하기 어렵다고 생각한다. 향후 경기 흐름은 코로나19라는 질병이 좌우할 것이지만, 경제 전문가들은 질병에 대해서는 전문가가 아니기 때문이다.

코로나19 발생 이후 한국은행, KDI, IMF 등 많은 국내외 경제전망기관들이 높은 경제성장률 전망치를 발표했다가 낮추는 모습들이 반복되었다. 경기의 흐름이 코로나19에 달려 있는 상황에서 향후 코로나19에 대한 '낙관적인 가정'에 기반하여 경제전망 수치를 내놓았기 때문이다. 2020년 상반기에 발표되었던 많은 경제전망 보고서들을 살펴보면 "2020년 하반기 이후부터 코로나19 확산세는 진정되고, 사회적 거리 두기 등 경제 제한 조치들이 점차 완화되는 것을 가정했다."와 같은 내용들을 찾을 수 있다. 당시 이러한 경제전망 수치들에 대한 의견을 물어 오셨던 많은 분들에게 필자가 "경제전망 보고서를 볼 때 경제성장률 수치 자체보다 그 수치가 기반한 코로나19에 대한 가정을 확인하는 것이 더 중요합니다."라고 말씀드렸던 이유다.

많은 경제전망들이 향후 코로나19에 대한 '낙관적인 가정'에 기반하고 있었다고 이야기했던 이유는 정작 코로나19에 대한 '진짜 전문가'들은 사태 초기부터 '코로나19의 장기화 및 재발 가능성'을 계속해서 경고하고 있었기 때문이다. 여기서 코로나

19에 대한 진짜 전문가라 함은 질병, 백신, 방역 전문가들이다.

2020년 3월부터 우리나라 '신종감염병 중앙임상위원회'는 인구의 60%가 항체를 가져야 코로나19가 종식될 수 있기 때문에 '장기전'에 대비해야 한다고 이미 강조하고 있었다. 그리고 이미 이때부터 코로나19가 2020년 가을철에 '재유행'할 수 있다고 경고했다. 중앙임상위원회는 코로나19 발생 시부터 병상에서 직접 감염환자를 관찰하고 치료한 의사들이 모인 위원회이다.

현재와 같은 상황에서 경제를 예측하려면 잘 모르는 분야에 대해서는 모름을 인정해야 한다. 내 전문성이 부족한 분야에 대해서는 그 분야의 '진짜 전문가'들의 의견을 최대한 수집하고 열심히 듣고 나서 객관적으로 판단해야 한다. 그래야만 '희망'이 아닌 '전망' 수치를 만들 수 있고, 불확실한 경제 상황 하에서 예측의 오차를 줄일 수 있다.

백신이 나오더라도 코로나19 진정은 기대보다 오래 걸린다

질병에 대한 항체를 가질 수 있는 방법은 2가지밖에 없다. 걸렸다가 낫거나, 백신을 맞는 방법이다. 그러나 걸리는 사람들이 늘어난다면 경제의 대규모 충격이 불가피하다. 반면, 백신은 개발되더라도 우리나라 국민들의 상당수가 맞는 데에 생각보다 긴 시간이 걸릴 전망이다.

미국 국립알레르기·전염병 연구소^{NIAID} 앤서니 파우치^{Anthony} ^{Fauci} 소장은 2020년 7월에 코로나19가 과거 1억 명이 사망했던 '스페인독감'처럼 심각해질 수 있다고 했다. 2020년 9월에는 2020년 연말에 코로나19 백신이 출시되더라도 코로나19 이전의 정상적인 일상으로 되돌아가는 것은 '2021년 말'은 되어야 가능할 것이라고 말했다. 마찬가지로 비슷한 시기에 로버트 레드필드^{Robert Redfield} 미국 질병통제예방센터^{CDC} 국장 역시 상원 청문회에서 2021년 2분기 혹은 3분기에나 백신이 일반에 보급될 것이라고 말했다. 여기서의 '일반'이란 전 세계가 아닌 '미국의 일반 국민'을 말한다는 점에 주목해야 한다.

그런데 2020년 9월 '퓨리서치'의 설문조사 결과에 의하면, 미국 국민의 절반은 백신이 나오더라도 맞지 않겠다고 응답했다. 비슷한 시기에 이루어진 〈USA 투데이〉의 조사에서는 미국 국민 중 2/3가 처음 개발된 백신을 맞지 않겠다고, 1/4은 절대 백신을 맞지 않겠다고 응답했다. 백신 접종 거부는 안전성이 충분히 검증되지 않았다는 불안감 때문이다. 백신을 맞지 않겠다고 응답한 이들 중 3/4이 부작용에 대한 우려를 이유로 들었다.

2020년 11월에 화이자, 아스트라제네카 등 일부 대형 제약사들의 코로나19 백신이 예상보다 높은 예방 효과를 내는 것으로 발표되면서 코로나19 종식에 대한 기대감이 높아졌지만 아직 상황을 낙관하기는 어렵다. 이들 백신은 상황의 긴급성 때문에 부작용과 관련해 최소한의 안정성과 예방 효과만 확인된 상태다. 효과가 얼마나 지속되는지는 아직 확인되지 않았다.

일반적인 독감과 달리 계절을 가리지 않고 유행한 코로나19의 특성상 효과의 지속기간이 짧다면 백신을 1년에 여러 차례 맞아야 할 수 있다. 변종 때문에 매년 다른 종류의 백신을 맞아야 하는 독감처럼 코로나19 바이러스의 변이가 나타난다면 기존 백신의 효과가 크게 줄고 새로운 백신이 필요할 수도 있다.

백신을 충분히 확보할 가능성이 높은 미국은 상황이 그나마 나을 수 있지만, 다른 국가들은 백신 확보 자체에 어려움을 겪을 가능성이 높다. 자국의 대형 제약사가 만들 백신에 대하여 미국, 영국, 프랑스 등이 선先 확보를 선언한 상황에서 그 외 국가들은 언제 충분한 양의 백신을 확보할지 예상하기조차 어렵다. 백신의 전 세계적 배분을 관리할 수 있는 세계보건기구의 영향력이 약화된 가운데 국제적인 '백신 쟁탈전'이 벌어질 가능성이 높다. 신흥국, 개도국들은 백신 분배에서 더욱 후순위로 밀릴 것이다. 결국, 백신이 나오더라도 코로나19 종식은 기대보다 매우 늦어질 수 있다.

생명과 경제 둘 사이의 '딜레마 상황' 반복된다

코로나19 감염자가 급증함에 따라 코로나 확산을 막아야 하는 각국 정책당국은 외부활동 및 경제활동을 인위적으로 억제시켰다. 우리나라의 '사회적 거리 두기', 미국 및 유럽 등이 시행한 이동제한령 및 봉쇄령, 즉 셧다운 및 락다운이 이에 해당한다. 공포감에 따른 자발적 선택이 아니라 강제적으로 경제활동이 위축되면서 경제적 충격은 더욱 확대되었다.

"바깥에 나가면 다 돈이다."라는 말처럼, 사람들이 외출, 외식, 이동, 여행 등을 줄이거나 중단하면 그와 연관된 수많은 기업들과 자영업자들의 매출, 이와 연관된 생산 및 서비스 활동 등도 줄어들 수밖에 없다. 이러한 경제활동을 통해 소득을 얻고 생계를 유지하던 많은 가계의 어려움도 커진다. 미국과 유럽의 셧다운 이후 자영업자들이 거리로 나와 피켓을 들고 셧다운 기간을 단축하라고 시위를 벌였던 것이나, 우리나라의 사회적 거리 두기 조치 이후 자영업자들의 대출 신청이 급증하고 실업급여 지급액이 급증한 것 등이 이를 반영한다.

아프리카, 중남미, 인도 등 많은 신흥국들에서는 더욱 비참한 상황들이 벌어지기 시작했다. 저소득 근로자와 빈민층들을 중심으로 코로나보다도 무서운 '굶주림과의 전쟁'이 시작되었기 때문이다. '사람을 살리려 하니 경제가 죽는 상황'이 벌어진 것이다.

이에 따라 코로나19가 완전히 진정되지 않았음에도 경제적 제한조치들을 서둘러 완화하는 경우가 늘어났고, 결과적으로 이는 코로나19의 재발 가능성을 높였다. 특히, 2020년 11월 대선을 앞두고 있던 미국의 경우 이러한 경향이 뚜렷하게 나타났다. 경제 활성화를 자신의 최대 치적으로 내세워온 트럼프 대통령이 대선을 앞두고 어떻게든 셧다운 기간을 단축시키려 했기 때문이다.

다른 나라들에 비해 비교적 효과적으로 코로나 확산을 통제해온 우리나라조차도 이런 고민에서 자유롭지 않다. 2020년 8월 시행한 '사회적 거리 두기 2.5단계'는 정책당국의 이러한 고민을 상징적으로 반영한다. 당초 3단계 구분에 없던 '2.5단계'라는 구분이 만들어진 것은 코로나 확산세를 감안하면 3단계로 격상시켜야 하지만 경제적 충격을 고려하면 2단계를 유지해야 하는 상황에서 나온 일종의 '고육지책'이었다고 볼 수 있다.

앞으로도 우리나라를 포함한 각국의 정책당국은 코로나19가 종식되기 전까지 계속해서 이러한 어려운 선택에 직면하게 될 것이다. 코로나 확산을 막기 위한 경제적 제한조치의 연장 및 재개와 경제적 충격 완화를 위한 경제적 제한조치의 단축 및 중단 사이의 '딜레마 상황'에 처하게 될 것이다. 명확한 정답이 없는 이 선택은 결국 해당 국가의 정치 상황, 국민들의 여론, 경제 여력 등이 반영되어 이루어질 전망이다.

분명한 것은 쉽지 않고 고통스러운 이 정책적 선택에 따라 그 나라 경제가 크게 영향받는 양상이 앞으로도 반복될 것이라는 점이다. 미국의 경우 서둘러 완화시킨 셧다운이 코로나 재발 가능성을 높임으로써 향후 미국 국민들의 생명뿐만 아니라 경제에도 커다란 리스크 요인이 될 전망이다. 우리나라 역시 민간소비는 정책당국의 사회적 거리 두기 단계 선택에 따라 크게 영향받는 것이 불가피할 전망이다. 실제로 강도 높은 사회적 거리 두기 정책이 시행되었던 2020년 1분기에 우리나라 민간소비는 전 분기 대비 -6.5%나 감소했지만, 정책의 강도가 완화되었던 2분기에는 전 분기 대비 1.4% 증가했다. 하지만 8월과 9월 코로나 재유행 움직임으로 사회적 거리 두기가 2.5단계로 격상되자 3분기에는 다시 전 분기 대비 -0.1% 감소했다. 이렇게 방역 정책의 강도 선택이 '경제 성적표'에 미치는 영향이 클수록 정책당국의 부담감은 커진다. 이러한 부담감이 커질수록 당장의 경제적 충격을 감수하고 강도 높은 방역 정책을 선택하기는 어려워진다.

12

개인의 대응전략

'자산 인플레'와 '양극화'에 대비하라

- 집 사기 어려워져 주식투자가 늘고 있다. 예금해 봐야 돈이 불지 않으니 고수익 투자에 내몰리는 형국이다. 하지만 '고위험-고수익 투자'를 하려면 직접 공부하고 해야 한다.

- 투자 대기자금이 급증하는 가운데 '자산가격 급등락' 현상이 더욱 빈번하고 큰 폭으로 발생할 것이다. 이러한 상황은 '기회'일 수 있지만 동시에 커다란 '위협'이다.

- 코로나19가 가져올 변화, 특히 4차 산업혁명 가속화로 '소득, 소비, 자산시장에서의 양극화'가 더욱 심화될 것이다. 진로 선택과 투자 활동에 이 양극화 현상을 반드시 고려해야 한다.

"나는 알아야 할 만큼 알지 못한다. 내가 성공할 수 있었던 원동력은 단순한 지식이 아니라 내가 모르는 것에 어떻게 대처했는가였다."

— 레이 달리오[Ray Dalio], 브리지워터 어소시에이츠 창립자[•]

서울의 중산층이 집을 사려면 '14년'간 버는 소득을 하나도 쓰지 않고 모아야 한다. KB국민은행 통계에 의하면, 2020년 6월 기준 서울의 평균 주택가격이 서울에 거주하는 중산층 가구 연소득의 14.1배에 달했기 때문이다. 월급을 차곡차곡 모아 집을 사는 것이 현실적으로 너무 멀게 느껴지는 것이 당연하다. 특히 아직 소득이 적은 청년층일수록 더욱 그러할 것이다.

예전처럼 대출을 받아서 집을 사는 것도 쉽지 않다. 주택담보대출을 중심으로 가계대출 규제가 지속적으로 강화된 결과, 소득이 증빙되어야 은행에서 대출을 받을 수 있고, 구입하려는 집의 가격 대비 대출 가능한 금액도 줄어들었기 때문이다. 결국, '모아둔 내 돈'이 상당히 있어야 집을 살 수 있는 상황이다.

특히 청년층의 경우 상대적으로 저렴하게 집을 장만할 수 있는 '청약 경쟁'에서도 불리하다. 가족 수, 무주택 기간, 청약통장

[•] 레이 달리오는 세계 최대 헤지펀드 브리지워터 어소시에이츠의 창립자이자 '헤지펀드의 대부'로 불린다.

가입기간의 3가지 항목을 따지는 청약가점제도 하에서 청년층은 장년층에 비해 가점이 높기 어렵다. 즉 현재의 청약가점제도는 자산, 소득, 가족이 많으면서 고액 전세 등에 거주해온 장년층이 청약에 당첨되어 집을 사기에 매우 유리한 구조다. 현재의 청약가점제도에 개선이 필요해 보이는 부분이다.

'제로 이코노미'에서 돈을 불리려면 고수익 투자는 불가피하다

주거문제는 대규모로 공급되는 임대주택 등을 통해 해결할 수도 있을 것이다. 하지만 문제는 매우 많은 사람들이 주택을 주거 수단으로서만이 아니라 '투자대상'으로도 간주한다는 점이다. 가계가 보유한 전체 자산의 70%가 부동산이고, 부모 세대가 집을 통해 재산을 불리는 것을 보며 자랐고, 최근 수년간 주택가격이 급등하는 것을 경험한 이들이 주택을 중요한 투자대상으로 생각하는 것은 어찌 보면 당연하다. 하지만 가격 급등과 대출 규제로 주택 구입이 어려워지는 가운데 2020년 봄 코로나로 인해 국내외 증시가 급락하자 청년층을 중심으로 주식투자가 크게 늘었다.

초저금리로 인해 단순한 예금, 적금만으로 재산을 늘리기 어려워졌음을 감안하면 보다 다양한 투자대상, 특히 금융상품 투자가 늘어나는 것은 바람직한 현상이다. 선진국에 비해 우리나라 가계는 자산이 지나치게 부동산에 편중되어 있고 금융자산의 비중이 낮기 때문이다.

우리나라 가계의 총자산 중 부동산과 같은 실물자산의 비중은 35세 미만의 경우 60%가 안 되지만 60세 이상의 경우 80%가 넘는다. 평생에 걸쳐 집을 장만하지만, 정작 은퇴하거나 나이든 이후에는 소득이 발생하지 않는 집 한 채만 남는 상황이다. 반면, 미국 가계의 총자산 중 실물자산 비중은 35세 미만의 경우 75% 정도였다가 60세 이상의 경우 50% 수준으로 도리어 낮아진다. 즉 미국에서는 젊었을 때 모기지론 등으로 일찍 내 집을 장만한 후, 집에 대한 대출을 갚는 식으로 집을 통해 저축을 하다가, 나이가 들면 수익이 발생하고 현금화가 용이한 금융자산의 비중을 높인다.

우려되는 점은 개인들의 주식투자 급증이 주택 구입은 어려워지고 저성장 및 저금리로 재산을 불릴 다른 기회를 찾지 못한 결과라면, 자칫 무리한 위험자산 투자로 이어질 수 있다는 점이다. 주식투자는 위험하고 위험한 투자는 하지 말라는 뜻이 아니다. 도리어 경제성장률과 금리가 제로에 수렴해 가는 제로 이코노미에서 돈을 불리려면 고수익 투자는 불가피하다. 중요한 것은 '고수익 투자는 반드시 고위험을 수반한다'는 것을 이해한 가운데 '내가 하는 투자의 위험성을 알고 투자해야 한다'는 것이다.

만약 주변에서 '투자수익률은 높은데 정말 안전하다'며 투자를 권유받았다면 일단 의심해봐야 한다. 그런 투자대상이 존재하는 것은 정상적이지 않고, 정상적이지 않은 상태는 지속되기 어렵다. 잠깐 그런 상태가 발생했더라도 내가 사고 가격이 오른 후에 팔아서 차익을 실현할 때까지 그런 상태가 지속되지 않을 가능성이 더 높다. 도리어 내가 비싸게 사고 나서 마치 거품이 터지듯이 가격이 급락하면서 커다란 손실을 입을 수 있다. 돈을 안전하게 유지하려면 낮은 수익률을 감수해야 하고, 반대로 높은 수익률을 얻으려면 높은 리스크를 감수해야 한다.

따라서 주식과 같은 고수익 투자를 하고 싶다면 '공부'를 해야 한다. 선물, 옵션, ELS 등 파생금융상품에 투자를 하고 싶다면 더 열심히 공부해야 한다. 경제의 커다란 흐름을 알고, 내가 투자하는 업종과 기업, 경제변수, 금융상품에 대해 알아야 한다. 자신이 오랫동안 일했거나 좋아해서 남들보다 더 잘 알거나 전문지식이 있는 업종과 기업에 투자하는 것도 좋은 방법이다. 내가 어떤 투자대상에 돈을 넣는지, 어느 정도의 리스크를 부담하게 되는지 모르고 투자한다면 그것은 투자가 아니라 '도박'이다. 반대로 매우 위험한 자산이라도 그 위험성을 알고 내가 감당할 수 있는 한도 내에서 투자한다면 '고위험-고수익high risk-high return 투자'를 하는 것이다.

주식시장에 크게 영향을 미칠 수 있는 몇 가지 경제적 특징들을 기억해두면 투자에 도움이 될 것이다.

첫째, 코로나 대응 잘하고 있나?

코로나 위기 기간에는 코로나에 대한 효과적 대응 및 정상적 경제활동 유지 정도에 따라 국가별 주가가 차별화될 것이다. 2020년에 중국과 한국 증시가 여타 주요국들 증시에 대비해 선전했던 데는 코로나를 먼저 겪었지만 코로나에서 먼저 빠져나온 영향이 컸다.

둘째, 4차 산업혁명 역량이 있나?

코로나로 확산이 가속화될 4차 산업혁명 관련 역량 및 대응에 따라 국가별, 산업별, 기업별 주가가 크게 엇갈릴 것이다. 미국의 코로나 확산이 심각했음에도 불구하고 2020년에 나스닥을 중심으로 미국 거대 테크기업들의 주가가 급등했던 것은 실적도 양호했지만 미래에 대한 기대도 더욱 높아졌기 때문이다.

셋째, 재정이 집중 투입되는 분야인가?

경제에 있어 정부의 비중이 커지는 가운데 대규모 재정이 집중 투입되는 분야가 주목받을 것이다. 재정지출 및 산업정책에 있어서 디지털, 스마트, 5G, 그린, 전기, 수소 등이 강조되는 것은 우리나라뿐만 아니라 글로벌한 현상이다.

넷째, 초저금리가 유지되는가?

중앙은행들의 돈 풀기, 특히 초저금리 유지 여부가 전반적인 주가 흐름에 결정적 변수가 될 것이다. 저성장으로 기업들의 미래 이익 증가세가 둔화되더라도 할인율에 해당하는 금리가 낮아지면 기업들의 현재 주가는 상승할 수 있다. 이러한 효과는 이익이 현재보다 미래에 발생할 가능성이 높은 신성장 산업일수록 더욱 커진다.

자녀가 있다면 일찍부터 투자에 눈을 뜨게 해주어야 한다. 그래야만 앞으로 더욱 심화될 제로 이코노미에서 잘 살아갈 수 있다. 학교 안의 경제 교육부터 바뀔 필요가 있다. 경제용어들의 이름을 외우게 하고 시험에 낼 것이 아니라, 요즘 뉴스에 나오는 경제 관련 숫자들이 왜 이슈인지 가르치는 것이 더 도움이 될 것이다. 살아 움직이는 경제 현상들을 알려주고, 투자에 어떻게 적용될 수 있는지 가르쳐야 한다.

학교가 변하지 않는다면 부모라도 나서야 한다. 경제 관련 뉴스나 유튜브를 함께 보자. 느낌이건 질문이건 이야기까지 같이 나눈다면 금상첨화다. 아이의 용돈을 모아 조금씩 주식을 사주는 것도 방법이다. 주식을 산 회사의 광고를 TV에서 보거나, 그 회사 제품을 쓰게 될 때, 아이에게 "네가 저 회사의 주인이야."라고 말해주자. 아이들은 자연스럽게 투자의 세계에 발을 디디게 된다. 경제와 금융 교육이 빠를수록 아이가 부자가 될 가능성도 높아진다.

내 자산가격이 올랐다고 그 상황에 취해 있으면 위험하다

지금까지 많은 돈이 풀렸지만 앞으로 더 많은 돈이 풀릴 것이다. 국제금융시장의 달러 유동성을 좌우하는 미 연준은 적어도 2023년, 늦으면 2020년대 중반까지도 완화적인 통화정책을 유지할 전망이다.

2020년 9월 미 연준의 통화정책 결정회의에서 미 연준 이사들을 대상으로 '현재와 같은 초저금리 수준이 유지되어야 하는 기간'에 대해 물어본 서베이 결과가 발표되었다. 응답자 17명 전원이 2021년까지 금리를 인상해서는 안 된다고 답했고, 2023년까지도 금리를 인상해서는 안 된다고 답한 이사도 13명에 달했다. 즉 미 연준 내에서는 '향후 수년간 초저금리가 유지되어야한다'는 것이 대체적인 의견인 셈이다.

더욱이 2020년 8월 미 연준은 기존의 '물가목표제'를 '평균물가목표제'로 변경했다. 물가 상승률이 2%가 되도록 하던 기존의 통화정책에서 '평균적인' 물가 상승률이 2%가 되도록 하는 통화정책으로 변경하겠다는 것이다. 이는 미국의 물가 상승률이 '일시적'이 아니라 '상당 기간' 2%를 넘어야만 금리를 올리겠다는, 즉 '완화적인 통화정책을 가능하면 오랫동안 유지하겠다'는 의지의 표현이다.

이렇게 많이 풀린 돈들이 기업의 투자, 가계의 소비 등을 늘려 실물경제 활성화로 이어지면 좋겠지만 전망은 밝지 않다. 돈을 많이 풀어도 투자와 소비가 늘지 않는 현상은 코로나 이전부터 이미 심화되고 있었다. 실물경제 활동 규모인 GDP가 경제 안에 풀린 돈의 몇 배인가를 나타내는 '화폐유통속도'는 글로벌 금융위기를 거치면서 대부분의 국가에서 절반 수준으로 낮아졌다. 이것은 풀린 돈의 실물경제 활성화 효과가 반으로 떨어졌다는 의미다.

돈을 많이 푼다고 해서 코로나19가 사라지는 것도 아니다. 기업에 많은 돈이 주입되고 있지만 생존과 연명에 주로 쓰이고, 기업들이 이 돈으로 투자와 고용을 늘릴 가능성은 낮다. 상황이 나은 기업들조차 높아진 미래 불확실성에 대비하거나 향후 예상되는 M&A 기회 등에 대비하여 현금을 더 쌓아두려 하지 당장 돈을 쓰려 하지 않을 것이다.

경기를 살리기 위해 푼 막대한 유동성이 투자와 소비 등 실물경제 활동에 쓰이지 않고 이리저리 떠돌아다니는 상황이 더욱 심화될 것이다. 은행 요구불예금, MMF 등 옮겨가기 쉽고 현금화하기 쉬운 금융상품에 머물거나, 심지어는 현금의 형태로 장롱, 금고, 땅속에 머물면서 투자기회를 노리는 대기자금이 늘어날 것이다. 경제 주체들이 느끼는 불확실성과 불안감이 높아질수록, 금리가 낮아져 현금 보유의 기회비용이 낮아질수록 이러한 '시중 자금의 단기 부동화' 현상은 심화될 것이다.

그러다 많은 사람들의 기대가 모아지는 투자대상이 생기면 막대한 투자자금이 단기간에 집중적으로 쏠리면서 그 자산의 가격이 급격히 오를 것이다. 경기가 부진하고, 주력 산업들이 활로를 찾지 못하고, 매력적인 투자 대안이 많지 않고, 금리 수준이 낮을수록 이러한 '투자자금의 급격한 쏠림' 및 '자산가격 급등' 현상은 심해질 것이다.

큰 틀에서 글로벌 금융위기 이후부터 코로나19 이전까지의 상황도 크게 다르지 않았다. 글로벌 금융위기 극복 과정에서 막대한 돈이 풀렸지만 실물경제는 위기 이전만큼 살아나지 않았고, 시기별로 중국 주식, 미국 테크기업 주식, 가상화폐, 유럽 국채 등에 투자자금이 집중되면서 해당 자산의 가격이 급등했다. 그러나 미국 테크기업 주식 정도를 제외하면 급등했던 자산들의 가격은 '급격한 하락 또는 조정'을 경험했다.

이러한 자산가격의 급등락 현상이 앞으로는 '더욱 빈번하게', 그리고 '더욱 큰 폭으로' 발생할 전망이다. 코로나19 이후 글로벌 금융위기 당시보다도 훨씬 더 많은 돈이, 훨씬 더 빠른 속도로 풀렸기 때문이다. 코로나19 이후 6개월 동안 미국, 유로존, 일본, 중국 등 4개국 중앙은행들이 푼 돈은 6조 4,000억 달러에 달한다. 글로벌 금융위기 당시 돈이 풀리던 속도의 '8배' 수준에 달한다.

자산가격의 급격한 조정이 광범위하고 큰 폭으로 이루어질 경우 금융시장이 불안해질 수 있다. 변동금리부 대출로 돈을 빌린 상황에서 시중금리가 급등할 수 있다. 외국에 유학 간 자녀에게 송금을 해줘야 하는 상황에서 원화 가치가 급격히 떨어져 원달러 환율이 급등할 수 있다. 국내외 주가가 큰 폭으로 하락해 투자손실이 커질 수 있다.

중앙은행들도 이러한 상황을 우려하겠지만, 그렇다고 풀린 돈을 거둬들이기는 쉽지 않을 전망이다. 코로나 경제충격과 저성장 심화에 대응할 다른 정책 수단이 마땅치 않기 때문이다. 코로나19 대응 과정에서 주요국들의 재정적자가 급격히 확대되었고 국가채무가 급증했다. 시간이 지날수록 정부가 돈을 더 쓰기는 점점 더 어려워질 것이다. 결국, 자산가격 급등락과 금융시장 불안 발생에 대해 우려하면서도 마지못해 풍부한 유동성을 유지하는, 즉 '경제 안에 돈이 흘러넘치도록 하는 통화정책'이 향후에도 상당 기간 유지될 가능성이 높다.

집을 사건, 주식을 사건, 달러를 사건 이러한 거시경제 상황과 그 안에 '응축된 위험성'을 인식해야 한다. 내가 투자한 자산의 가격이 올랐다고 해서 그 상황에 취해 있어서는 위험하다. 돈은 더 많이 풀렸는데, 실물경제와 금융시장의 괴리는 더욱 확대되고 있고, 이는 급등한 자산가격의 급격한 조정으로 표출될 가능성이 높다.

더욱이 예전에 비해 금융시장의 변동성과 불안정성을 높이는 요인들은 더욱 늘어났다. 국내 개인들의 해외 주식투자가 늘면서 미국 주가의 변동은 금융회사들뿐만 아니라 수많은 개인 투자자들에게 직접적인 영향을 미치게 되었다. 컴퓨터가 수행하는 프로그램 매매가 주식거래에서 더 많은 비중을 차지하게 되면서 주가 하락 발생 시 기계적인 손절 매도가 급증하여 주가가 더욱 급락하는 '플래쉬 크래쉬^{Flash Crash}'가 발생할 위험성은 더욱 높아졌다. 리스크가 제대로 파악되지 않는 신종 파생금융 상품의 종류와 규모는 계속 확대되고 있지만 금융감독은 그 속도를 따라가지 못하고 있다.

제로 이코노미의 저성장과 저금리는 '한탕주의'식 고위험 투자를 더욱 매력적으로 보이게 할 환경이다. 이런 상황에서 투자를 하려면 관련된 지식을 꾸준히 쌓으면서, 상황 변화를 예의주시하고, 상황 변화에 신속하게 대응하는 수밖에 없다. 미 연준 의장의 통화정책 관련 발언, 중국의 수출 증가율, 우리나라 가계의 소득 증가율, 국내 은행들의 대출 연체율, 우리 정부의 경제 활성화 정책 등 모든 것들이 각각 중요한 의미를 지닌다. 직접 이해하기 어렵다면 경제 관련 방송, 신문, 서적, 유튜브 등의 도움을 받는 것이 좋다. 중요한 것은 '내가 직접 이해하고 챙기려 노력해야 한다'는 것이다. 이럴 때일수록 남의 말을 전적으로 믿거나, 남에게 맡겨두는 것은 위험하다. 만약 내 돈을 남에게 맡겨두었다면 계속 점검하고 확인해야 한다. 금융기관, 심지어 연기금조차도 손실을 보거나 부실화되기 쉬운 상황이 전개될 것이다.

'마이크로 세그멘테이션'과 '사람'에서 양극화의 활로를 찾아라

경제의 많은 영역에서 양극화가 심화될 전망이다. 우선 코로나19는 '소득 양극화'를 가속화시킬 것이다. 외식, 쇼핑, 여행 등이 줄면서 코로나19로 인해 소득 하위 계층이 많이 종사하는 대면접촉 서비스업 위주로 실업이 급증해 소득 하위 계층의 소득이 타격을 입을 것이다. 비대면, 원격, 자동화, 무인화 등 4차 산업혁명 기술의 적용이 촉진되면서 앞으로는 소득 중위 계층이 대거 일자리를 잃을 전망이다.

반면 원격근무, 재택근무 등이 가능한 직장에서 프로그래밍, 데이터 관리 등 고부가가치 업종에 종사하는 소득 상위 계층은 코로나의 타격을 덜 받는 가운데, 도리어 일거리가 늘면서 소득이 늘어날 가능성이 높다. 많이 풀린 돈으로 인한 자산 인플레는 주식, 주택, 금 등 자산에 투자할 여력이 많은 소득 상위 계층의 소득을 더욱 높일 것이다. 결국 중산층이 줄어드는 가운데 소득 양극화는 더욱 심화되는 양상이 전 세계적으로 나타날 전망이다.

소득 양극화는 '소비 양극화'와 '자산시장 양극화'를 초래할 것이다. 소득이 더욱 늘어난 소득 상위 계층이 주로 구매하는 고가, 하이엔드 high-end, 프리미엄, 명품 제품과 서비스들은 가격이 더욱 오르고 시장도 빠르게 성장할 것이다. 반면 소득이 늘지 않거나 도리어 줄어든 소득 중하위 계층이 주로 구매하는 중저가, 미들엔드 middle-end 또는 로우엔드 low-end, 보급형 제품들은 가격을 올리기 어렵고 시장 내 경쟁도 더욱 치열해질 것이다. 자산시장에서도 고소득층이 원하고 구매하려 하는 한정된 투자자산의 가격은 여타 투자자산들보다도 더욱 큰 폭으로 오를 가능성이 높다.

이처럼 양극화와 쏠림 현상이 심화되는 경제에서 유의할 점은 '평균의 함정'에 빠지면 안 된다는 것이다. 전체 경제성장률이 낮아지고 내수소비가 위축되더라도 수요가 빠르게 증가하는 제품 및 사업영역이 존재할 가능성이 높다. 이러한 기회를 찾아내기 위해서는 시장을 전체로 보는 것이 아니라 다양한 수요별로 최대한 미세하게 쪼개어 자세히 살펴보는 것이 필수적이다. 최근 선진기업들의 경영전략에 있어 '마이크로 세그멘테이션 micro segmentation'이 이슈가 되고 있는 것도 이러한 배경에서다.

마찬가지로 전반적인 자산시장이 활황이더라도 모든 자산가격이 오르는 것이 아닐 가능성이 높다. 특정 지역에서는 주택가격이 급등하지만 다른 지역에서는 주택가격이 급락하는 극심한 온도차가 발생할 가능성이 높다. 이런 상황에서 전국 평균 주택가격 상승률, 종합주가지수 상승률처럼 평균적인 지표로 자산시장 상황을 판단한다면 오판을 내릴 위험성이 높아진다.

진학, 취업 등 진로 선택과 주택, 주식 매입 등 투자 활동에 있어 이러한 양극화 추세를 반드시 고려해야 한다. 특히 학과, 대학, 직업, 직장 등의 결정을 앞둔 학생들과 청년들일수록 이러한 고려가 큰 영향을 미칠 것이다. 모두에게 프로그래머나 전산관리자가 되라는 것이 아니다. 이는 가능하지도 않고 바람직하지도 않다. 코로나19가 가져올 변화, 특히 가속화되는 4차 산업혁명의 효과를 예측하고 의사결정에 반영하라는 의미다. 홈이코노미가 확산되고, 위생이 강조되고, 로봇과 인공지능의 활용이 늘어나는 추세 속에서 어떤 일자리들이 대체되거나 사라지고, 어떤 일자리들이 늘어나거나 새로 생길 것인가를 반드시 고려해야 한다. 이러한 변화 속에서 어떤 제품과 서비스, 기업과 산업, 국가와 지역, 그리고 이와 연관된 투자자산이 떠오르거나 가라앉을 것인가를 고려하는 것은 투자에 있어서도 반드시 필요하다.

예측은 쉽지 않고 결정에 이를 반영하는 것은 더욱 어려울 것이다. 2020년 8월 일본 〈주간 아사히〉는 코로나19로 인해 변호사, 회계사, 의사들이 일자리를 잃을 위험성이 높아지고 있다고 분석했다. 상황이 어려워진 기업들이 외부 전문가들에게 의뢰했던 업무를 줄이면서 계약서 검토 업무는 인공지능이, 재무와 회계 업무는 소프트웨어가 대체하고 있다는 것이다. 인공지능을 활용한 진단이 활발해지면서 문진과 검사 비율이 높은 내과의사, 검사 전문의사 등의 일거리가 줄어들 것이라고 예측했다. 그러나 이러한 예측에도 불구하고 전통적인 인기 엘리트 직종들이었고 현재도 높은 인기와 보수를 누리고 있는 직업과 직장 대신 이제 시작 단계이거나 아직 본격화되지도 않은 분야의 직업과 직장을 선택하는 데에는 상당한 용기가 필요하다.

코로나19로 인한 고용 악화가 장기화될 경우 '코로나 세대'로 전락할 우려가 높은 현 청년층에 이러한 패러다임 변화는 커다란 부담이 될 수 있다. 향후 상당 기간 험난하고 불안정한 취업 상황이 불가피해 보인다. 영국 옥스퍼드대 연구진은 2032년까지 미국 일자리의 47%, 독일 일자리의 42%가 자동화로 인해 사라질 수 있다고 분석했다. 동일한 분석 방법을 우리나라에 적용해보면 우리나라 일자리의 43%가 자동화 고위험군에 속한 것으로 분석된다. 관련 연구들은 대체로 4차 산업혁명으로 인해 대체되거나 사라지는 일자리가 늘어나거나 새로 생기는 일자리에 비해 훨씬 많을 것으로 예측한다. 세계경제포럼은 로봇 산업의 발전으로 일자리가 716만 개 줄어들지만 창출되는 일자리는 202만 개에 그칠 것으로 예상한 바 있다. 향후 인구가 줄어들 것이므로 취업난이 자연스럽게 완화될 것이라고 예상하는 것은 지나친 낙관론이다.

세상이 변하는 방향성을 파악하고 의사결정에 적극적으로 반영해야 한다. 급변하는 경제환경 속에서 향후 직종별, 기업별, 산업별 명암도 극명하게 갈릴 것이다. 어떻게 대응하는가에 따라서 위기가 될 수도 있지만 기회가 될 수도 있다. 우선 '과학기술', 특히 '4차 산업혁명' 관련 직종에 대한 수요가 늘고 이들 직종의 소득이 크게 늘어날 전망이다. 사물인터넷, 인공지능, 빅데이터, 로봇, 드론, 자율주행, 전기차, 앱 및 플랫폼 개발, 프로그래머, 정보보호, 바이오, 스마트 헬스케어, 가상현실 및 증강현실, 환경, 신재생에너지, 스마트팜 관련 직업들이 각광받을 것이다.

주목할 대목은 과학기술뿐만 아니라 '사람'에도 길이 있다는 점이다. 많은 관련 연구들은 교사, 간호사, 사회복지사, 성직자, 예술가, 문학가, 연예인, 디자이너, 패션모델, 스포츠맨 등 직종들 역시 유망할 것으로 전망한다. 감성에 기반한 상호 의사소통 및 고도의 사회성이 요구되는 분야, 시각 및 촉각 등 복합적인 신체능력과 섬세한 대응이 필요한 분야, 창의성과 예술성을 바탕으로 한 분야 등은 인공지능이나 로봇이 대체하기 어려울 것으로 예상된다. 결국, 변화하는 미래에 대응하는 법은 한 방향이 아니라 여러 방향인 셈이다.

젊어서 돈 모아 나이 들어 그 돈으로 살겠다는
노후계획은 잊어라

"갓 결혼한 30세 남자와 27세 여자가 향후 자녀를 결혼시
킨 후 자녀의 도움 없이 노후를 보내기 위해 필요한 자금은 1억
3,400만 원."

대부분의 사람들이 너무 적다고 느낄 것이다. 하지만 이 금
액은 1991년 대한교육보험이 계산하여 발표한 '노후 필요 자금
규모'를 당시 〈연합뉴스〉가 보도한 것이다. 지금이야 너무 적어
보이지만 평균 수명, 평균 소비지출액 등 당시 확보 가능한 관
련 통계를 활용하여 나름 체계적으로 계산한 결과였다.

이 노후자금 필요 추정액이 30년 전의 계산이니 별 의미가
없다고 할 수 있을까? 만약 30년 전에 어떤 사람이 실제로 이
추정처럼 1억 3,400만 원의 노후자금을 모아 놓고 은퇴했다면
어떻게 되었을까? 과연 여유로운 노후를 보내고 있을까? 그동
안 물가가 올랐으니 돈이 부족해 보이는 것은 당연한 것일까?
그동안의 소비자물가 상승을 반영하면 1991년의 1억 3,400만
원은 2019년의 3억 1,700만 원에 해당한다. 지금 이 정도의 돈이
면 은퇴자금으로 충분할까? 지금도 여러 곳에서 언급되고 제시
되는 노후 필요 자금 규모 또는 추천되는 노후대비 플랜을 수십
년 뒤에 되돌아본다면 어떨까? 마찬가지로 너무 적게 느껴질
가능성이 높다.

과연 어느 정도 돈을 모아야 노후대비가 되는 걸까? 어차피 노후계획은 상당히 먼 미래에 관한 이야기다. 지금 30대가 60대가 될 무렵에 필요한 돈에 관한 이야기다. 그런 면에서 '안정적인 노후를 보내기 위해 언제까지 얼마의 노후자금을 모아서, 이런저런 금융상품들에 나누어 넣어서, 매달 얼마씩 현금흐름을 얻도록 준비한다'는 식의 노후계획은 큰 의미가 없을 수 있다. 이런 계획으로 대비하기에는 영향을 미치는 변수가 너무 많고 예측하기도 어렵다.

가장 기본적으로 내가 앞으로 얼마나 오래 살 것인지 알 수 있나? 1991년 67세이던 우리나라 남자의 평균 수명은 30년도 채 지나지 않아 80세로 늘어 13년이나 길어졌다. 의학의 급속한 발달로 앞으로 매 세대 '인류 역사상 가장 오래 사는 세대'가 될 것이다. 노후자금을 모으는 동안의 투자수익률과 모은 노후자금의 운용수익률은 예상할 수 있나? 1991년 16.5%이던 우리나라 국민주택채권 금리는 2019년 1.7%로 낮아졌다. 불과 10년 전만 하더라도 우리나라 금리가 이렇게 낮아질 것이라고 예상한 이는 거의 없었다.

하지만 거의 확실하게 예상 가능한 부분도 있다. 인구증가율, 경제성장률, 물가 상승률이 점차 하락하면서 우리 경제가 '제로 이코노미화[주]' 된다면 향후 금리와 투자수익률은 더욱 낮아질 것이라는 점이다. 이익률이 낮아지면 기대수명이 동일하더라도 모아야 하는 노후자금의 규모는 급격히 늘어난다. 더군다나 기대수명도 점점 더 길어질 것이다.

제로 수준에 근접해가는 초저금리는 목돈을 안전하게 굴려 안정적으로 수익을 얻는 것을 점점 더 어렵게 만들 것이다. 은행 예금금리는 이미 0%대로 낮아졌다. 은행 예금은 돈을 보관하는 수단일 뿐 돈을 버는 수단으로서의 기능을 잃어가고 있다. 과거 경기가 안 좋아질 때 주식투자의 대안이 되어 온 채권 투자 역시 전망이 밝지 않다. 채권들의 지표금리가 크게 낮아져 채권 투자를 통해 얻는 이자수익이 크게 줄었다. 채권가격이 올라 자본차익이 발생하는 것을 기대하기도 어렵다. 미국, 유로존, 일본 등 안전해 보이는 국채를 발행하는 국가들의 정책금리 수준은 이미 제로이거나 마이너스다. 우리나라조차 정책금리는 제로에 근접해 있다. 더 이상 금리를 낮출 여지가 많지 않고, 이는 채권가격이 크게 오를 여지도 많지 않다는 의미다.

젊어서 돈을 모아 나이 들어 그 돈에 기반해 살겠다는 식의 '보수적인 노후계획'보다 가능한 한 오래 일하고 받는 돈이 늘어나도록 하겠다는 식의 '적극적인 노후계획'이 필요하다. 특히 금리가 낮아질수록 자산소득보다 '노동소득'의 상대적 가치가 높아진다. 금리 1%인 경제에서 10억 원의 자금을 가지고 일하지 않는 이는 연간 1,000만 원의 소득을 얻지만, 월 100만 원의 일거리를 가진 이는 연간 1,200만 원의 소득을 얻는다. 월 100만 원을 받는 일자리가 10억 원 이상의 자산가치를 지니게 되는 셈이다.

　이렇게 되면 결국 '건강'과 '능력'의 문제로 귀결된다. 나이 들더라도 계속 일할 수 있도록 건강을 유지하고, 자신의 노동에 대해 받는 가치를 높일 수 있도록 능력을 향상시키는 자신에 대한 관리와 투자가 점점 더 중요해진다. 자격증 취득, 기술 습득, 온라인 또는 오프라인 점포 운영, 작물 재배, 개인 유튜브 방송 등 무엇이 되었건 자신이 하고 있거나 하고 싶은 분야에서 자기계발을 통해 소득창출 기간을 늘리고 소득을 높이는 것이 점점 더 중요해질 것이다.

13

기업의 대응전략

'돈 관리'를 최우선으로 하면서
'위기 속 기회'를 찾아라

- 코로나 장기화, 국가신용등급 강등 등 리스크에 대비하여 '유동성 관리'를 강화하고, '위기 대응 능력'과 '빠른 복원력'을 기업 시스템에 내재화해야 한다.

- 수요 정체에 대응하여 집요하게 수요를 '찾고, 충족시키고, 만들어 내야' 한다. 자국 밸류체인 추구와 밸류체인 디커플링을 '위기'가 아닌 '기회'로 활용해야 한다.

- 코로나 장기화로 인한 '기업 구조조정'에 대비해야 한다. 혁신산업과 전통산업 간의 생산성 격차 확대 및 양극화 심화, 인수 합병 유행을 기회로 활용하려면 미리 준비해야 한다.

"썰물이 빠졌을 때 비로소 누가 발가벗고 헤엄쳤는지 알 수 있다."

— 워런 버핏, 버크셔 해서웨이 회장*

호경기에는 뛰어난 기업이든 아니든 모두 잘하는 것처럼 보인다. 밀물처럼 밀려들어오는 수요와 돈 때문에 문제점은 수면 아래에 잠겨 잘 보이지 않는다. 하지만 썰물처럼 수요와 돈이 빠져나가기 시작하면 문제점이 수면 위로 모습을 드러낸다. 경제위기 시에는 문제점이 일찍 그리고 많이 노출된 기업일수록 소비자와 은행으로부터 외면받으며 제품을 팔고 돈을 빌리기가 어려워진다.

이런 면에서 코로나 위기 동안 기업들은 우선적으로 '생존'에 집중해야 한다. 위기 극복을 위해 대거 풀린 유동성으로 자산가격 상승 가능성은 높아졌지만, 기업의 매출과 이익이 둔화되는 실물경제 위축은 향후 수년간 해소되기 어려울 전망이다. 코로나 위기는 현 세대가 처음 경험해보는 팬데믹으로 인한 글로벌 경제위기다. 코로나19가 진정되지 않는다면 경제위기 상황도 끝나지 않을 것이다. 코로나 관련 전문가들은 2022년 이후까지 코로나 상황이 지속될 가능성이 높다고 경고하고 있다.

• 워런 버핏은 버크셔 해서웨이 회장이자 CEO로 재산 보유액 세계 4위인 '투자의 귀재'다.

'코로나의 반복적인 확산' 가능성을 염두에 두고, '경제위기의 장기화'에 대비해야 한다.

진짜 실력은 위기 때 드러난다

생존이 화두라면 유동성, 즉 '돈 관리'를 최우선으로 여겨야 한다. 들어올 돈과 나갈 돈을 점검하는 자금 상황 모니터링을 상시화하거나 점검 주기를 단축해야 한다. 현금 유입은 촉진하고 현금 유출은 억제함으로써 현금 보유액을 늘리는 것이 기본 방향이 되어야 한다. 기업 내에 여러 사업부와 계열사가 있다면 여유자금 공동관리, 즉 '캐쉬 풀링cash pooling'을 통해 한쪽은 돈이 남는데 다른 쪽은 돈이 부족한 상황을 피해야 한다. 필요성과 현금화 용이성을 기준으로 보유 자산들의 순위를 매겨 상황 악화 단계별로 매각해 현금화할 수 있도록 미리 준비하는 것도 필요하다.

자금시장이 악화되기 전에 국내외 금융기관들로부터 돈을 빌릴 수 있는 한도인 '크레딧 라인credit line'을 늘려 놓는 것도 방법이다. 나중에 받을 매출채권을 할인해 미리 현금화하는 것, 보유자산을 매각해 현금을 확보하는 것, 수수료를 내고 '약정 대출 한도committed credit line'를 확대하는 것 등의 조치들은 비용을 수반하기 때문에 상황의 심각성 정도에 따라 단계별로 실행되어야 한다.

위기 상황에서는 상황이 순식간에 급변한다. '상황판단'과 '실행속도'가 관건이다. 괜찮아 보이다가도 남들보다 조금만 늦으면 대출이나 채권 발행을 통해 돈을 구하기 어려워질 수 있다. 같은 자산도 적절한 시기를 놓치면 제값을 못 받고 헐값에 팔아야 한다. 코로나 경제위기 초기였던 2020년 3월 중순 AAA 등급 이외에는 회사채 발행이 불가능할 정도로 국내 자금시장이 경색되는 데 채 보름도 걸리지 않았다. 코로나의 전개 추이, 특히 주요 기업의 자금난 발생 여부에 따라 자금조달 여건이 급변할 리스크는 향후 수년간 지속될 전망이다.

코로나19의 재발 또는 장기화와 함께 국내 기업들이 고려해야 할 또 다른 금융 리스크는 '국가 신인도 하락' 또는 '국가신용등급 강등' 리스크다. 2020년과 같은 속도로 정부 재정적자가 확대되고 국가 부채가 급증한다면 수년 내에 국가 신인도 하락으로 외국인 자금이 이탈하면서 원화 가치 및 국내 주가 급락, 국내 금리 급등이 발생할 가능성이 높다. 특히, GDP 대비 국가 채무 비율이 50%대에 진입하게 되는 시기에 상황이 급변할 수 있다.

피치 등 국제신용평가사들은 2020년 우리나라의 국가신용등급을 유지하면서도 급증하는 국가채무에 대해 우려했다. 급격한 인구 고령화로 인한 재정지출 증가 압력까지 고려하면 높은 국가 부채 수준이 향후 재정에 위험 요인이 될 수 있다고 경고하고 있다.

국가 신인도 하락으로 원화가치가 급락하더라도 과거 IMF 외환위기 당시처럼 수출이 급증해 어려움에서 벗어나는 긍정적인 효과가 이번에는 크지 않을 전망이다. IMF 외환위기 당시에는 우리 경제는 위기였지만 세계 경제는 어렵지 않았다. 그래서 원화가치 급락으로 우리 수출품들의 가격 경쟁력이 높아지자 수출이 크게 늘어날 수 있었다. 하지만 향후 상당 기간 동안은 코로나 충격으로 세계 경제도 어려워 우리 수출품들의 가격 경쟁력이 높아지더라도 수출이 급증하기 어려울 것이다.

반면, 국가 신인도 하락이 국가신용등급 강등까지 이어진다면 국내 기업들의 자금조달 여건은 급격히 악화될 것이다. 과거 IMF 외환위기와 비교하면 외환보유고 부족으로 인한 국가 차원의 외환위기 발생 가능성은 낮아진 것으로 판단된다. 하지만 여전히 많은 기업, 금융기관 등 민간 경제 주체들이 해외에서 자금을 조달하고 있어서 국가신용등급 하락은 이들의 자금조달을 어렵게 할 것이다. 자금조달 금리 급등을 넘어 기존 부채에 대한 만기 연장이 어려워지고 부채를 갚아야 하는 상환 부담이 급증하게 되면 재무 건전성이 취약한 기업들은 '유동성 위기'에 처할 수 있다.

국가신용등급 강등 등 리스크 현실화 시 선제적으로 현금을 확보할 수 있는 비상대응 계획, 즉 '컨틴전시 플랜contingency plan'

을 미리 준비해두는 대비가 필요하다. 컨틴전시 플랜이 효과를 거두기 위해서는 상황 변화의 신속한 감지가 필수적이다. 정부 재정적자 수준, 경상수지 추이, 외국인 투자자금 유출입 등 '사인포스트signpost'를 미리 선정하고 모니터링해야 한다. 이를 기반으로 상황 진전 단계에 맞추어 사전에 설정된 단계별 대응전략을 실행해야 한다.

장기적으로는 '위기대응 능력'과 '빠른 복원력'을 기업 시스템에 '내재화'해야 한다. 향후 어떤 요인에 의해 경제위기가 닥칠지 예측하는 것이 점점 더 어려워지고 있기 때문이다. 특히 최근 들어 '비경제적 요인에 의한 경제위기'의 발생이 늘고 있다는 점에 주목해야 한다. 전염병, 기후변화, 지진, 쓰나미, 산불, 허리케인, 테러, 전쟁 등이 이에 해당한다. 상대적으로 그동안 중시되지 않았고 효과적인 대응 방법이 아직 확립되지 않았다는 점에서 대처하기 어려운 경제위기 요인들이다.

이러한 고민은 이미 구체화되고 있다. 2019년 IMF의 연례회의 어젠다 중 하나는 '중앙은행들이 기후변화에 대응하여 싸울 수 있는가?Can central banks fight climate change?'였다. 국제기구들도 새로운 경제위기 리스크를 인식하고 정책적 대응 가능성 및 방법에 대해 고민하기 시작한 셈이다. 앞으로 어떤 요인에 의해 경제위기가 발생할지 예측하기 어렵다면 위기의 종류와 관계없이 어떤 상황에서도 생존할 수 있는 위기 대응 능력과 정상적

인 기업활동을 빠르게 회복하는 복원력을 키우기 위해 노력해
야 한다.

'수요가 귀하고 희소한 시대'에
수요를 찾고, 충족시키고, 창출하라

자금난 또는 도산 위기를 피한다 하더라도 향후 기업들은
'지속적인 수요위축 심화'로 어려운 상황에 처할 전망이다. 세
계 경제 성장률은 글로벌 금융위기 이전 평균 4%대에서 글로벌
금융위기 이후 평균 3%대로 낮아졌지만, 코로나19를 거치면서
한 단계 더 '레벨 다운level down' 될 것으로 예상된다. 보호무역주
의 움직임이 강화되면서 수출, 수입 등 세계 교역 증가율은 세
계 경제성장률보다도 낮을 전망이다. 대내외 수요 증가세가 정
체되면서, '수요가 귀하고 희소한 시대'가 도래할 것이다.

코로나가 지속되는 동안에는 사람들의 공포감과 정책당국의
경제적 제한조치들 때문에 수요 위축이 불가피하다. 코로나로
인한 감염, 사망, 후유증뿐만 아니라 개인적 동선 노출, 주변인
들에 대한 민폐, 사회적 비난 및 낙인 등에 대한 공포감 때문에
사람들이 자발적으로 외출, 외식, 여행 등을 자제하면서 관련 수
요가 급감한다. 코로나 확산을 막기 위해 정책당국이 사회적 거
리 두기, 셧다운, 락다운 등 경제적 제한조치들을 시행하면서 자

발적이 아니라 강제적으로, 소비활동을 넘어 생산활동까지 경제활동들이 위축된다. 그 과정에서 일자리를 잃거나 소득이 줄어든 계층이 소비를 더욱 큰 폭으로 줄이면서 경제적 타격이 확대된다.

상당 기간이 걸려 코로나가 진정되더라도 그 이후에도 전 세계적인 빚 갚기 부담, 즉 '글로벌 디레버리징global deleveraging'으로 인해 수요가 살아나기 어려울 전망이다. 코로나 위기를 겪으며 거의 모든 국가들의 정부, 기업, 가계 부채가 폭증했다. 미국의 경우 2020년 2분기 말 기준 미국 정부부채가 사상 처음으로 미국 GDP를 넘어섰다. 급증한 정부부채는 향후 경기 부진 상황에서 정부조차도 돈을 쓰기 어렵게 만들어 경기 부진의 골을 더욱 깊게 만들 수 있다. 코로나 위기에서 살아남았지만 엄청난 부채가 남게 된 기업과 가계는 빚을 갚기 위해 투자와 소비를 줄일 것이다. 일본이 1990년대 버블 붕괴 이후 경험했던, 빚 갚는 부담 때문에 경기가 살아나지 못하는 '대차대조표 불황'이 앞으로 많은 주요국에서 발생할 수 있다. 이러한 상황에 빠지는 주요국들이 많아질수록 글로벌 저성장 및 장기침체 가능성은 높아진다.

앞으로 더욱 강화될 것으로 예상되는 주요국들의 '보호무역주의' 움직임은 해외 수요를 위축시켜 우리나라와 같은 수출의존형 국가 기업들의 어려움을 가중시킬 전망이다. 세계 경기가 어려울수록, 자국의 경기 회복세가 미약할수록, 미국과 중국의 갈등이 격화될수록 강대국을 중심으로 주요국들이 보다 강도 높은 보호무역주의 조치들을 시행할 가능성이 높아질 것으로 예상된다. 수입은 줄이고 수출은 늘려 자국 내 생산과 일자리를 늘리려는, 산업 경쟁력을 유지하고 신성장 산업에서 우위를 선점하려는 욕구가 커질 것이다.

특히, 우리나라는 여기에 '인구 구조 충격'까지 더해질 전망이다. 합계출산율은 전 세계에서 가장 낮은 수준까지 떨어졌고 인구 고령화 속도는 가장 빠르기 때문이다. 2020년대 중반에는 소비 주력 계층인 40대 후반 연령대 인구가 급감하면서, 소비를 주도할 세대가 마땅치 않은 '소비 협곡'에 빠질 위험성도 높아질 전망이다. 코로나19로 더욱 악화된 20대 청년층의 실업이 장기화될 경우, '코로나 세대'의 결혼, 출산, 주택 및 내구재 구입 감소로 인해 수요 위축이 더욱 심화될 수 있다.

기업이 판매하는 제품과 서비스를 구매하는 수요는 점점 더 희소해지고 귀중해질 것이다. 수요는 늘어나지 않는 가운데 한정된 수요를 놓고 기업 간 경쟁은 더욱 격화될 것이다. 제품과 서비스를 많기 팔기도 어렵고 여간해서는 가격을 올리기도 어려워 기업들의 매출 성장세는 정체될 가능성이 높다. 결국, 생존하고 성장하려면 기업들은 찾기 어렵고, 충족시키기 어렵고, 줄어드는 수요를 찾고, 충족시키고, 새롭게 창출해야 할 것이다.

'고객에 대해 잘 아는 것'이 기업의 핵심 경쟁력이 될 것이다. 좋은 실적을 내면서 계속해서 사업영역을 확장해 가고 있는 아마존, 구글, 페이스북 등 해외 거대 테크기업들과 네이버, 카카오 등 국내 온라인 플랫폼 기업들의 공통점은 계속해서 축적되는 막대한 양의 고객 정보를 적극적으로 활용하고 있다는 점이다. 상세한 고객 정보가 점점 더 중요해지는 이유는 고객들의 수요가 갈수록 다양해지고 개인화되고 있기 때문이다. Z세대, 밀레니얼세대 등 젊은 세대일수록 무난하고 보편적인 제품보다 자신의 가치와 선호에 꼭 맞고 이를 드러낼 수 있는 제품에 열광한다.

효율적인 생산을 통해 질 좋은 제품을 저렴하게 만들어 대량으로 파는 전통적인 방식으로는 고객들을 만족시키기가 점점 더 어려워지고 있다. 고객 세분화를 넘어 가능한 수준까지 고객의 니즈를 정교하게 쪼개어 이에 대응하는 '마이크로 세그멘테이션'이 적절한 시장이 늘어나고 있다. 이를 가능하게 해주는 고객과 시장에 대한 빅데이터, 인공지능, 디지털 트랜스포메이션digital transformation 등 4차 산업혁명 기술의 활용이 점점 더 중요해질 것이다.

거대 테크기업들과 온라인 플랫폼 기업들만이 고객 수요의 파악, 충족, 새로운 창출을 잘 할 수 있다는 이야기가 아니다. '고객에 대한 집요함과 집착'을 통해 전통적 영업 및 생산 방식 하에서도 이를 달성할 수 있다. 그런 면에서 일본의 공장 자동화 설비 기업 '키엔스Keyence'는 좋은 참고 사례가 될 수 있다.

키엔스는 일본의 오랜 저성장 속에서도 지난 20년 동안 매년 30~50%대의 높은 영업이익률을 꾸준히 유지해왔다. 2020년에는 일본 증시 내 전자기업 중 시가총액 1위, 전체 기업 중 시가총액 3위가 되었다. 비결은 고객조차도 스스로 깨닫지 못하고 있던, '아직 충족되지 않은 수요unmet needs'를 경쟁자들보다 먼저 파악하여 시장보다 6개월에서 1년 먼저 신제품으로 내놓는 것이다. 이를 위해 키엔스는 영업사원의 평가에 있어 매출, 이익 등 전통적 실적 수치보다 고객을 만난 횟수와 고객 수요를 정리한 '니즈 카드'라 불리는 보고서를 중시한다.

키엔스의 영업사원들은 보통 1주일에 2~3일은 하루에 6~10개의 고객사를 직접 방문하고, 나머지 날은 하루 100건의 전화 통화를 통해 고객의 니즈를 파악한다. 고객사의 고객사까지 방문하여 고객사 공장의 개선 포인트를 찾아낸다. 이렇게 만들어진 '니즈 카드'를 영업 경험이 풍부한 제품 기획 담당자가 분석하고 이 중 공통되는 니즈만 골라 최적 조합으로 제품화한다. 정확한 개발 스펙, 스펙의 우선순위, 목표원가까지 제시되는 상세한 기획을 통해 영업활동에서 파악된 고객의 니즈가 제품화 단계까지 체계적으로 이어지도록 하다 보니 실패율이 낮다. 결국, 고객을 알고 그 수요를 충족하는 것은 업종, 기술의 문제라기보다 관심, 노력의 문제인 셈이다.

'자국 밸류체인 추구'와 '밸류체인 디커플링'은
위기이자 기회다

해외생산기업들과 수출기업들의 고민이 커질 전망이다. 최적의 국가로부터 부품 등 중간재를 사다가 인건비가 저렴한 국가에서 최종재를 완성하는, 즉 가장 효율적인 방식으로 제품을 만들어 전 세계를 대상으로 판매하던 '글로벌 분업 생산'의 이점을 활용하기가 점점 어려워지고 있기 때문이다. 제품을 팔려는 국가에서 생산해야 하거나, 특정 국가 중심의 공급망을 활용해서 생산해야 하는 등 제약이 늘어날수록 기업들의 생산비는 올라가고 경쟁력은 약화된다.

글로벌 금융위기 이전까지는 '세계화'에 기반한 글로벌 분업 생산이 확산되는 추세가 이어졌다. 1995년 세계무역기구WTO 출범 이후 지속적으로 글로벌 교역 장벽이 완화되었고, 유럽연합 등 경제공동체와 북미자유무역협정NAFTA 등 자유무역협정에 기반한 역내 교역도 활성화되었기 때문이다.

그러나 미국 서브프라임 모기지 위기, 유럽 재정위기 등을 겪으면서 분위기가 바뀌었다. 경제가 어려워진 선진국들에서는 신흥국으로의 공장 이전, 이민자 유입 등으로 일자리를 잃은 노동자 계층을 중심으로 세계화에 대한 반감이 높아졌다. 이는 유럽 대륙에서는 극우주의 및 민족주의 정당들의 득세, 영국에서는 브렉시트 결정 등으로 표출되었다. 가장 결정적인 변화의 계기는 2016년 트럼프의 미국 대통령 당선이었다. 이후 미국 주도의 보호무역주의 조치들이 늘어나고 미중 간 무역갈등이 고조되면서 '탈세계화' 흐름이 강화되고 있다. 이를 반영하듯 2019년 이후 세계 교역 증가율은 글로벌 금융위기 이후 한 단계 낮아진 세계 경제성장률보다도 더 낮아졌다.

우려되는 것은 이러한 움직임이 코로나19를 거치면서 '탈세계화'를 넘어서 '자국중심주의화'로까지 나아가는 것이다. 전 세계적 분업에 기반한 '글로벌 밸류체인'이 미주, 유럽, 아시아 등 '지역 밸류체인regional value chain'으로 변화하다가, 자기 나라 안에서 모두 생산하는 '자국 밸류체인national value chain'을 추구하는 것이다. 코로나19는 많은 국가의 국민들이 '자국 안에서 마스크 하나도 제대로 만들지 못하는 상황'을 깨닫는 계기가 되었다. 코로나 방역 과정에서 국경이 중시되고 국가의 역할이 강조되는 가운데 이러한 문제 인식은 중요한 제품의 생산은 자국 안에서 이루어지도록 하려는 움직임으로 이어질 가능성이 높다.

코로나19 초기에 에릭 존스Erik Jones 존스홉킨스대 교수는 "코로나로 인해 밸류체인이 자국 중심으로 재편될 것이다."라고 예측한 바 있다. 이러한 '자국 밸류체인의 추구'는 우선적으로 의료 및 보건, 공공 및 안보, 핵심 주력 산업 및 차세대 전략 산업 등 분야를 중심으로 나타날 전망이다. 이러한 움직임은 미국, 중국 등 글로벌 파워를 가진 국가들이나 독일, 일본, 한국 등 세계화 속에서도 제조업 경쟁력을 유지했던 국가들이 주도할 전망이다.

글로벌 패권을 둘러싼 미국과 중국의 갈등과 그로 인한 '밸류체인 디커플링value chain decoupling' 움직임은 우리 기업들의 어려움을 더욱 가중시킬 전망이다. 미국은 세계 최강대국이자 세계 최대의 소비시장이고, 중국은 우리나라에 바로 인접한 최대 수출상대국이자 우리 기업들의 중요한 해외 생산처이기 때문이다. 이 두 나라 사이의 무역갈등이 심화되면서 중국에서 만들어 미국으로 수출하기 어려워지고 나아가 미국 안에서 생산해야 하는 상황이 늘어나고 있다. 시간이 지날수록 자국 중심의 밸류체인을 구축하려 하는 두 나라 사이에서 택일을 강요받는 경우가 늘어날 전망이다. 특히 반도체, 무선통신장비, 인공지능, 로봇, 드론 등 차세대 전략산업 분야에서 미국은 자신이 주도권을 쥐고 있는 글로벌 밸류체인과 국제 기술표준에서 중국을 배제하려는 노력을 더욱 강화할 전망이다. 이에 대응하여 중국은 거대 내수시장과 자국의 영향력이 큰 제3세계 국가들을 중심으로 독자적인 밸류체인과 기술표준을 구축하려 노력할 전망이다.

바이든 행정부 하에서도 미국의 보호무역주의 정책은 유지될 전망이다. 특히, 코로나로 인해 미국 경제가 어려움을 겪는 상황에서는 중국산 수입품에 대한 고율 관세가 유지될 가능성이 높다. 바이든의 '바이 아메리칸Buy American' 정책을 감안할 때,

미국 정부가 재정지출을 늘리더라도 미국 기업 또는 미국 내에서 만들어진 제품을 우선시할 전망이다.

중국과의 패권 경쟁도 지속될 전망이다. 차세대 첨단산업을 중심으로 중국의 굴기를 막고 중국의 부상을 경제해야 한다는 데 있어서는 민주당이건, 공화당이건 이미 공감대가 존재하기 때문이다. 중국과의 무역갈등은 지속되겠지만 '싸우는 방법'은 달라질 전망이다. 트럼프 행정부에서는 트럼프의 개인적 선호와 판단이 크게 작용하는 톱다운top-down 방식의 빅딜big deal식 무역협상이 주를 이뤘다. 반면, 바이든 행정부에서는 실무자들의 의견과 협상에 기반하여 순차적으로 이루어지는 바텀업bottom-up 방식의 무역협상이 주를 이룰 전망이다.

상대적으로 예측 가능성은 높아지겠지만, 중국에 대한 압박은 도리어 더 체계적이고 조직적으로 이루어질 가능성이 높다.

우리나라를 비롯한 여타 국가들에 대한 통상압박도 다소 달라질 전망이다. 트럼프 행정부는 중국뿐만 아니라 일본, 독일, 우리나라 등 우방 국가들에 대해서도 철저하게 경제적인 손익관점에서 전방위적으로 통상압력을 높여왔다. 반면, 바이든 행정부는 우방 국가들과의 관계를 상대적으로 중시하는 가운데 연대를 통한 대중국 압박을 시도할 가능성이 높다. 하지만 노동, 환경, 지적 재산권 등 미국이 강점을 지닌 분야를 중심으로 국가별, 산업별 '핀셋형' 통상압력이 늘어날 전망이다. 결국 바이든의 미국 하에서 미중 무역갈등도 완화되고 우리나라에 대한 미국의 통상압박도 줄어들 것이라고 기대하는 것은 지나친 낙관론이다.

우리나라 해외 생산기업들과 수출기업들의 대응은 자신이 처한 상황에 따라 달라야 한다. 자신이 만들거나 판매하는 제품이 주요국들의 자국 밸류체인 추구 움직임 속에서 어떤 상황인가, 미국과 중국의 밸류체인 디커플링 움직임 속에서 어떤 상황인가에 따라 적절한 대응은 달라질 것이다. 이러한 압력들이 강할수록 변화를 서둘러야 하고 변화의 폭도 커져야 한다. 거대 소비시장별 생산기지 마련, 국내로의 생산기지 회귀reshoring 및 중간재 조달의 국내화, 미국 및 중국 각각의 밸류체인 및 기술표준에 대응한 별도 제품 생산 등의 대응을 고려해야 할 것이다. 즉 동일한 제품이라도 미국에서 팔려면 미국 안에서 만들고, 중국에서 팔려면 중국 안에서 만들어야 하는 상황에 대비해야 한다. 신제품을 개발할 때 미국 주도의 기술표준에 따른 신제품과 중국 주도의 기술표준에 따른 신제품을 별도로 준비해야 할 수 있다. 그러나 이러한 대응들은 모두 생산시설 이전, 중복 투자 등으로 비용 상승을 초래할 가능성이 높으므로 기업들은 변화와 조정 전에 그 필요성과 손익을 신중하게 비교해야 한다.

사업 상황에 따라서는 위의 변화들이 '위기'가 아니라 '기회'가 될 수도 있으므로 기회를 적극적으로 포착하고 활용하려는 노력이 필요하다. 주요국들의 경쟁적인 '자국 밸류체인 추구'는 글로벌 교역을 전반적으로 위축시키고 이에 대응한 주요국들의 '자국 내수시장 육성 노력'을 더욱 강화시킬 전망이다. 향후 세계 경제에서 미국, 중국, 인도 등 거대 내수시장을 가진 국가들 및 중국, 독일 등 내수 소비시장 육성을 위해 재정지출을 늘릴 여력이 있는 국가들이 상대적으로 선전할 가능성이 높은 이유다.

이들 국가의 내수시장 및 정부 조달 시장에서 이미 선전하고 있거나 선전할 수 있는 제품 경쟁력을 보유한 기업들은 이러한 기회를 적극 활용하는 전략이 필요하다. '밸류체인 디커플링' 움직임 속에서도 기회가 발생할 수 있다. 우리나라가 미국 주도의 밸류체인에서 배제되는 중국의 대안이 되고, 중국 주도의 밸류체인에서 배제되는 미국의 대안이 된다면 우리 수출기업들의 기회가 늘어날 수 있다. 그러나 이러한 아슬아슬한 '외줄타기' 전략이 오래 지속되기는 어렵고 시간이 지날수록 미국과 중국 양쪽으로부터 '양자택일'을 요구받을 가능성이 높다.

특히, 코로나19 이후 중국이 강조하고 있는 '쌍순환^{dual} ^{circulation}' 전략은 우리나라 기업들에게 '단기적으로는 기회'가 될 수 있지만 '장기적으로는 위협'이 될 가능성이 높으므로 주목해야 한다. '쌍순환'이란 수출 중심의 국제시장인 '국제대순환'과 내수 중심의 국내시장인 '국내대순환'을 말한다. "국내시장의 우위를 이용해 국제시장의 위험을 없앤다."라는 시진핑의 발언처럼, 어려워지는 수출 환경에 직면하여 내수를 키워 중국의 성장 동력으로 삼겠다는 뜻이다. 중국과 같은 거대경제의 내수시장이 정책적으로 육성된다면 글로벌 경기 둔화와 수요 부진으로 어려움을 겪는 우리 기업들에는 새로운 기회가 될 수 있다.

그러나 중국이 '국내 대순환'만이 아니라 쌍순환을 강조하고, 국내 대순환과 국제 대순환의 상호 촉진을 추구하는 것은 내수시장에서 길러진 체력과 기술을 바탕으로 국제시장에서도 우위를 점하기 위해서다. 즉 중국 내 밸류체인을 확실하게 장악해 약점인 기술을 업그레이드함으로써 향후 글로벌 밸류체인까지 장악하는 것이 궁극적인 목표다. 국가 주도의 집중적인 투자를 통해 기술 선진국들을 따라잡겠다던 '중국제조 2025'의 변형된 전략인 셈이다. 이미 우리나라의 기존 주력 수출산업 중 상당수는 중국과의 경쟁력 격차가 빠르게 축소되거나 이미 추월당한 상황이다. 여기에 거대 내수시장 장악을 바탕으로 중국기업들의 경쟁력이 한 단계 더 높아진다면 글로벌 밸류체인을 바탕으로 성장해온, 특히 중국에 대한 중간재 및 자본재 수출 비중이 높은 우리나라 수출기업들은 커다란 타격을 입는 것이 불가피하다. 결국, 중국의 쌍순환 전략 추진에 따른 중국 내수시장 성장을 '단기적인 기회'로 활용하되, 중국기업들의 성장이 초래할 '중장기적인 위협'에 대비해야 한다.

앞으로 있을 기업 구조조정에 대비하고 기회로 활용하라

코로나19가 길어진다면 기업 구조조정 가능성에 대비해야 한다. 코로나로 인한 경제충격에도 불구하고 2020년에는 우리나라 기업대출 연체율, 어음 부도율, 폐업률 등 지표들은 크게 악화되지 않았다. 2019년 말 0.5%던 은행의 기업대출 연체율은 2020년 7월에도 0.5%였다. 2019년 말 0.07%이던 어음 부도율은 2020년 7월 0.05%로 도리어 낮아졌다. 기업들의 연쇄 도산 및 대출 부실화로 인한 실물경제 충격과 금융위기로의 전이를 막기 위해 대규모 금융지원책들이 시행된 결과였다. 2020년 3차 추경까지의 금융지원액 135조 원에 이후 발표된 기간산업 안정기금 40조 원을 더하면 2020년 상반기까지 발표된 금융지원책 규모만 175조 원을 넘었다. 그러나 이것은 '문제의 해소'가 아닌 대규모 유동성 지원에 의한 '문제의 이연'이었다.

우려되는 점은 당초 기대와 달리 코로나19의 종식은 늦어지고 있고 도리어 장기화될 가능성이 높아지고 있다는 점이다. 유동성 지원으로 기업들의 어려움을 이연시키는 기간이 길어지고 여기에 투입되는 자금 규모가 늘어날수록 계속 이렇게 지원하는 것이 적절한지, 언제까지 이렇게 할 수 있을지에 대한 우려와 비판이 높아질 것이다. 2020년에 시행되었던 채권시장 안정펀드, 회사채 신속인수제도, 프라이머리 CBO, 비우량 회사채·CP 매입기구, 기간산업 안정기금 등 금융지원책들은 은행 등 금융기관들과 정책당국이 공조한 결과였다. 기업들이 어려워지면 돈을 빌려주었던 금융기관들도 어려워질 수밖에 없다는 점에서 금융기관들이 금융지원책 재원의 상당 부분을 지원하고, 정책당국이 공적 금융기관과 보증기관들에 대한 출자 및 출연의 형태로 재정을 투입한 결과였다.

그러나 금융기관들은 기본적으로 수익 창출 및 자본 건전성 유지가 목적인 영리법인들이다. 코로나 경제충격이 장기화되고 돈을 빌려준 기업들의 상황이 계속 악화된다면 선제적 리스크 관리 및 대응을 이유로 들며 자금 공급을 중단하거나 공급된 자금을 회수하려 할 가능성이 높다. 특히 기업이 부실화될 경우 먼저 돈을 회수한 쪽이 덜 손해를 보기 때문에 자금 회수 움직임은 경쟁적 양상을 띨 수 있다. 이를 감안하면 코로나 장기화 시 여신 회수 움직임 및 기업에 대한 구조조정 움직임은 여신 제공 금융기관들을 중심으로 금융시장에서 먼저 나타날 가능성이 높다. 돈을 빌려간 기업들이 어려워질수록, 돈을 빌려준 금융기관들의 여력이 줄어들수록, '금융시장 발▼ 기업 구조조정' 가능성은 높아진다.

따라서 돈을 빌려 쓰고 있는 기업들로서는 매출증가율, 이익증가율, 부채비율, 이자보상배율, 자금조달금리 등 기업 관련 지표들과 함께, 이자수익 증가율, 대출 연체율, 자기자본비율, 유동성 비율 등 금융기관 관련 지표들을 지속적으로 모니터링해야 한다. 예의주시하다가 상황 변화 조짐이 나타날 경우 다른 기업들보다 조금이라도 먼저 선제적으로 대응하는 것이 중요하다. 평시에도 구조조정 대상 기업으로 지목되지 않도록 재무비율, 기업신용등급, 금융시장과의 커뮤니케이션 등을 관리해야 한다.

코로나가 장기화될 경우 '정부의 금융지원이 변화될 가능성'에도 대비해야 한다. 코로나 이후 발표된 정부의 기업 금융지원은 대부분 산업은행, 기업은행, 신용보증기금 등에 대한 출자와 출연 확대와 같은 간접적인 금융지원이었다. 비록 정부가 기업에 직접 돈을 빌려주는 것은 아니지만 역시 정부 재정이 투입되기 때문에, 경기 부진으로 세수가 줄고 정부 재정적자가 확대되는 상황에서 정부부채 증가라는 비용을 유발한다. 따라서 지원 규모가 계속 늘어나거나 손실 가능성이 높아질 경우 정부에 상당한 부담이 될 전망이다.

정부가 기업에 대한 금융지원 규모를 줄이거나 중단하려 한다면, 기업 입장에서 가장 중요한 것은 그 선택의 기준이다. 예상되는 중요한 선택 기준은 고용 창출 능력, 금융시장에 미칠 파장, 정부가 육성하고자 하는 미래 신산업에 해당되는지 여부, 정부가 판단하는 산업경쟁력 수준 등이다. 즉 전체 고용시장에 영향을 줄 정도로 대규모 인원을 고용하고 있지 않거나, 금융시장에 영향을 줄 정도로 대출금이나 발행한 채권 규모가 크지 않기나, 디지털 및 그린 등 정부가 추진하고 있는 미래 신산업에 해당하지 않거나, 중국 등에 산업 경쟁력이 따라 잡혀 향후 전망이 밝지 않다면 정부의 지원 순위에서 뒤로 밀릴 가능성이 높아진다. 이에 해당한다면 정부의 자금지원이 계속될 것이라 예상하는 것은 매우 위험하다.

이런 기업 구조조정을 거치면서, 생산성이 높던 산업은 생산성이 더욱 높아지고 생산성이 낮던 산업은 생산성 개선이 미흡해 산업간 생산성 격차는 더욱 벌어지고 '산업 양극화는 더욱 심화'될 전망이다. 혁신 산업, 미래 성장산업, 신성장 산업들은 대체적으로 자금조달을 벤처투자 등 금융시장에 크게 의존하고 기업 규모는 아직 작고 고용도 많지 않다. 그 결과, 금융시장 주도의 기업 구조조정이 상대적으로 먼저, 빠르게, 활발하게 이루어질 가능성이 높다. 경쟁력 없는 사업들의 정리 및 조정, 인수합병 등을 거치면서 전통산업 대비 이미 상대적으로 높았던 산업 생산성이 더욱 높아질 수 있다.

반면, 전통산업, 대규모 장치 산업, 기존 주력 산업들은 자금조달을 정책자금 대출에 크게 의존하고 기업 규모는 크고 고용도 많다. 그 결과, 고용시장과 금융시장 충격이 중시될 경우 기업 구조조정이 상대적으로 느리고 미진할 가능성이 높다. 이러한 과정들을 거치면서 이미 가시화되고 있는 혁신산업과 전통산업 간의 시가총액, 경제 내 위상 등의 역전 현상은 향후 더욱 심화될 전망이다.

혁신산업에 속한 기업이라면 향후 나타날 산업 내 판도 변화를 위기가 아니라 기회로 활용하기 위한 대비가 필요하다. 전통산업에 속한 기업이라면 산업 내에서의 생존만으로는 불충분하고 전통산업을 빠르게 대체하고 있는 혁신 산업을 새로운 경쟁자이자 더 나아가서 제휴의 대상으로까지 바라보는 '시각의 전략적 재점검'이 필요하다.

이러한 기업 구조조정은 자금 여력이 있고 준비된 기업들에게는 '필요한 사업을 좋은 조건에 획득하는 기회'가 될 수 있다. 과거에도 닷컴버블 붕괴, 글로벌 금융위기 등 위기 이후에는 커다란 '인수 합병 유행'이 나타났고, 누군가의 위기는 다른 누군가의 기회가 되었다.

기회 활용을 위한 대비의 핵심은 '자금 여력 확보'와 '사전 리서치'다. 미국의 아마존, 페이스북, 일본의 니덱Nidec 등은 글로벌 금융위기 이후 성공적인 기업 인수 합병을 통해 부족한 역량을 보완하거나 시너지 효과를 높이고 시장 지배력을 강화한 대표적인 기업들이다. 이들은 공통적으로 재무건전성을 유지하면서 자금조달 여력을 확보했으며, 인수 대상 후보 기업들을 미리 선정하여 지속적으로 모니터링했다. 이를 통해 자사의 전략 방향에 부합하는 기업들을 좋은 조건에 인수하여 성장의 발판으로 활용했다.

향후 더욱 가속화될 4차 산업혁명 등 변화의 방향을 고려할 때, 보다 더 바람직한 전략은 인수 합병 등을 통한 필요 역량의 내재화를 넘어서 '외부 역량의 활용과 결합을 강화'해 나가는 것이다. 신생 혁신기업들에 대한 선제적 투자, 다양한 대상과의 전략적 제휴 및 연대 확대, 개방형 혁신open innovation 등이 방법이다. 최근 이러한 노력의 대상은 학계, 소비자, 타 업종을 넘어 심지어 경쟁기업으로까지 확대되는 추세다. 가령, 자동차 산업의 경우 서로 치열하게 경쟁하던 도요타와 BMW는 친환경차 연구개발 분야에서 협력 중이다. 모빌리티 서비스 기업으로의 변화를 천명한 현대차는 전통 자동차 산업을 위협하는 미래 경쟁자의 대표주자 격인 우버와 수직 이착륙 개인용 비행체 개발에 있어 협업 중이다.

해당 기업들은 어려워지고 복잡해지는 경영 환경 속에서 이러한 선택은 생존을 위해 불가피하다고 이야기한다. 반도체, 소프트웨어, 통신, 배터리, 디스플레이 등 연관 산업과의 융합이 핵심인 데다 막대한 연구개발 관련 투자비용을 개별 기업이 혼자 부담하기가 점점 더 부담스러워지고 있기 때문이다. 이러한 외부 역량의 활용과 결합을 활성화시키기 위해서는 자체적인 개발 역량뿐만 아니라 필요한 외부 기술과 아이디어를 발굴하고 평가할 수 있는 내부 역량, 개방형 혁신을 장려하는 조직문화 등이 필요하다.

14

정부의 대응전략

'새로운 재정 및 통화 정책' 필요하다

- 정부가 어떻게 하는가가 점점 더 중요해지고 있다. 코로나19와 관련하여, 사회적 거리 두기 수준은 '장기적 관점'에서 결정하고, 선진국들의 '국가 백신주의'에 대비해야 한다.

- 재정정책이 중요해짐에도 불구하고 재정 상황은 빠르게 악화되고 있다. 다음 세대에 과도한 빚을 물려주지 않으려면 엄격한 재정 규율, 세수 확대, 재정지출의 효율성 제고가 중요하다.

- 재정정책과 통화정책은 보다 긴밀하게 결합되어야 한다. '통화정책 무기력증'에 빠지지 않으려면 새롭고 다양한 '비전통적인 통화정책 수단'을 활용하는 보다 적극적인 자세가 필요하다.

"나는 지금 여러분에게 미국 국민을 위한 '새로운 정책^{new deal'}'을 약속합니다."

— 프랭클린 D. 루즈벨트, 미국의 제32대 대통령[•]

우리 경제의 성장에서 정부 등 공공부문이 차지하는 비중이 커지고 있다. 민간보다 정부가 경제성장의 더 많은 부분을 차지하게 되었고, 이러한 현상은 코로나19 이후 더욱 심화되고 있다. 2019년 GDP 기준 민간의 성장기여도는 0.8%p에 그친 반면 정부의 성장기여도는 1.1%p로서, 글로벌 금융위기 이후 처음으로 정부의 성장기여도가 민간의 성장기여도보다 높아졌다. 코로나19 이후에는 이러한 현상이 더욱 심화되어 민간의 성장기여도는 마이너스로 떨어졌지만 정부의 성장기여도는 플러스를 유지했다. 전년 동기 대비 성장률을 기준으로, 2020년 1분기와 2분기에 민간의 성장기여도는 -2.4%p와 -1.9%p로 마이너스였지만, 정부의 성장기여도는 1.3%p와 1.1%p로 플러스였다. 즉 민간의 경제활동이 급격히 위축된 상황에서 정부의 경제활동이 경제성장률 하락폭을 줄이는 상황이다.

코로나19가 장기화되어 가계, 기업 등 민간부문의 소비와 투

• 1932년 민주당 대통령 후보 지명 수락 연설에서 한 말이다. 미국 뉴딜 정책의 공식적인 탄생 순간으로 알려진 순간이다.

자 위축이 지속된다면 정부 등 공공부문의 경제활동이 우리 경제성장률을 좌우하는 경기 흐름이 향후에도 상당 기간 지속될 전망이다. 민간부문의 경제활동을 조속히 정상화시켜 공공부문이 경제성장을 주도하는 상황을 개선하기 위해 노력해야 하겠지만, 단기적으로 이러한 상황이 불가피하다면 정부 등 공공부문이 어떤 식으로 민간부문의 경제활동 부진을 보완할 것인가를 보다 더 고민해야 한다.

정부가 어떻게 하는가가 점점 더 중요해진다

경제 이외 분야에서도 '정부의 역할과 중요성'이 커질 전망이다. 코로나19는 국가의 개념이 중요해지고, 정부의 역할이 확대 및 강화되는 계기가 될 가능성이 높다. 코로나19의 방역 과정에서 국가 간 국경의 통제가 중요 이슈가 되었고 정부의 정책과 역량에 따라 국가별로 코로나19 방역 성과에 큰 차이가 나타나면서 국가와 정부가 중요해지고 있다. 나와 내 가족의 건강과 안전이 위협받는 상황에서 이것을 지켜주는 것은 세계화가 아니라 국가라는 인식이 확산되었다. 이처럼 국가와 정부에 힘이 실릴수록 활동의 범위는 넓어지고 판단이 보다 큰 영향을 미치게 될 전망이다.

코로나 위기 기간 동안은 '코로나19의 효과적인 통제가 가장 효과적인 경기 대응책'이 될 것이다. 경제성장률 하락폭, 경기저점 및 회복 시점, 경기 회복 강도와 패턴 등 향후 경기 흐름은 사실상 거의 전적으로 코로나19가 좌우할 것으로 예상된다. 2020년 10월 발표된 경제전망에서 IMF는 2020년에 주요국 중 중국만이 1.9%로 플러스 경제성장을 유지하고, 미국, 유로존, 일본의 경제성장률은 각각 -4.3%, -8.3%, -5.3%로 큰 폭의 마이너스를 기록할 것으로 전망했다.

중국은 코로나19를 가장 먼저 겪었지만 비교적 빠르게 통제에 성공하면서 경제활동이 빠르게 정상화된 결과, 플러스 경제성장률을 달성할 것으로 예상했다. 반면, 여타 주요국들은 코로나19 감염자가 대규모로 발생하고 이로 인해 셧다운, 락다운 등 경제적 제한조치들을 강하고 길게 시행한 결과, 경제성장률이 큰 폭의 마이너스를 기록할 것으로 예상했다.

정책당국은 앞으로도 계속해서 '생명과 경제 사이의 딜레마 상황'에서 어려운 선택을 해야만 할 것이다. 코로나19의 확산을 막고 감염자와 사망자를 줄이기 위해 경제적 제한조치를 강력하게 시행할수록 단기적으로 경제적 충격이 확대되는 것은 불가피할 것이다. 그러나 이러한 경제적 충격에 대한 부담 때문에 필요한 조치의 시행을 늦추거나 적절한 수준보다 낮은 강도로 조치를 시행할 경우, 코로나19가 재발하거나 장기화되면서 자칫 경기 회복 시점이 늦어지거나 경기 회복의 강도가 약해져 전체적인 경제적 손실은 더욱 커질 수 있다. 결국, 사회적 거리 두기 등 경제적 제한조치의 시행에 있어 '더욱 장기적인 관점'에서 결정을 내릴 필요가 있다.

경제적 제한조치를 통해 코로나19의 확산을 억제할 수는 있겠지만 코로나 경제충격에서 벗어나려면 코로나19 백신이 반드시 필요할 전망이다. 우리나라가 그동안 시행해온 방역 방식 및 국민들의 낮은 항체 보유율 등을 고려하면 스웨덴과 같은 집단면역을 통한 사태 진정을 기대하기는 매우 어렵기 때문이다.

정부는 '코로나19 백신의 개발이 기대보다 늦어지는 상황'에도 대비해야 하겠지만 동시에 '개발된 코로나19 백신의 확보가 어려운 상황'에도 대비해야 한다. 설령 안전하고 효과적인 코로나19 백신이 개발되더라도 수요에 비해 공급이 부족하거나 백신 개발국들의 자국 우선주의가 심화될 경우 우리 국민들에 대한 실제 백신 접종이 상당히 늦어질 수 있기 때문이다.

이미 주요국들을 중심으로 코로나19 백신에 대한 입도선매식 확보 경쟁이 벌어지고 있다. 2020년 9월 국제구호단체인 옥스팜Oxfam은 일부 선진국들이 코로나19 백신 예상 공급량의 절반을 이미 확보했다고 밝혔다. 임상 3단계의 코로나19 백신 후보 5종에 대한 계약 내용을 분석한 결과, 53억 회분의 계약 물량 중 27억 회분을 미국, 영국, 유럽연합, 일본 등 선진국이 확보했다는 것이다. 전 세계 인구의 13%가 백신 예상 공급량의 51%를 사들인 셈이다. 세계보건기구가 백신을 전 세계에 공정하게 배분하기 위해 코백스^{COVAX}라는 백신 공급 기구를 운영 중이지만 미국과 중국이 참여를 거부하고 있는 상황이다.

백신 개발국들이 자신들의 정치적 이해관계에 따라 선별적으로 백신을 공급한다면 신흥국, 저개발국들은 백신 확보 및 코로나 진정 시기가 수년 후로 늦어질 수 있다. 중간 위치에 있는 우리나라는 자체적인 백신 개발 노력을 지속하면서 동시에 글로벌 제약사들이 개발 중인 백신의 안정적인 확보 방안을 명확히 해야 한다. 설령 글로벌 제약사들이 국내 생산시설에서 개발된 코로나19 백신을 생산하더라도 이 중 얼마를 국내에 공급하겠다는 분명한 계약을 체결하지 않는다면 백신을 선구매한 나라들보다 백신 확보에 있어 순위가 밀릴 수도 있기 때문이다. 우리 경제의 빠른 정상화를 위해서는 선진국들의 '백신 국가주의'에 대비해야 한다.

코로나로 급증한 빚은 그 수혜를 입은 현 세대가 책임진다는 자세가 필요하다

정부의 역할이 전반적으로 커지는 가운데 경기 대응에 있어서도 재정정책의 중요성이 갈수록 커질 것이다. 전통적으로 경기를 조절하기 위해 정책당국이 쓸 수 있는 카드는 크게 3가지였다. 정부가 수행하는 '재정정책', 중앙은행이 수행하는 '통화

정책', 외환시장에 개입하는 '환율정책'이다.

그러나 환율정책은 이제 사실상 사용하기 어려워졌다. 우리나라의 경우 '자유변동 환율제도'를 채택하고 있어 '공식적으로는' 우리나라의 환율은 외환시장에서 외환의 수급에 의해 결정된다. 구두 개입, 외환 매매 등의 형태로 외환당국이 시장에 영향을 미칠 때도 있지만 환율의 변동성이 과도해 금융불안이 발생하는 것을 막는 정도로 매우 제한적으로 이루어진다. 환율의 방향성을 바꾸거나 특정 수준에 환율을 맞추려는 외환시장 개입을 시도할 경우, 미국 등 다른 나라들로부터 '환율조작국'으로 지목되어 보복을 당할 수 있기 때문이다.

특히, 미국은 우리나라를 환율조작국의 직전 단계인 '관찰대상국'으로 지정하여 외환시장 개입 여부를 지속적으로 감시하고 있다. 중국은 2019년 8월 미국으로부터 환율조작국으로 지정되었다가, 2020년 1월 미국의 요구를 대거 수용한 무역합의를 이루고서야 다시 관찰대상국으로 내려왔다. 반면, 최근 중국의 대안으로 부상하면서 대미 무역수지 흑자가 급증한 베트남에 대하여 미국은 관찰대상국에서 환율조작국으로 상향 조정할 수 있다고 경고하고 있다. 이 모두가 환율정책을 쓰기 어렵게 만드는 세계 경제와 글로벌 금융시장의 흐름이다.

통화정책은 경기 활성화 효과가 점점 약화되는 가운데 여력도 줄어들고 있다. 중앙은행으로부터 풀린 돈이 실물경제를 많이 활성화시킬수록 높아지는 '화폐유통속도'는 계속 떨어지고 있다. 우리나라의 협의통화(M1) 기준 화폐유통속도는 글로벌 금융위기를 거치며 절반 수준으로 떨어졌고, 코로나19 이후 여기에서 다시 20% 정도 하락했다. 경기를 살리기 위해 푸는 돈의 '약발'이 계속 떨어지고 있는 셈이다.

또한, 코로나19에 대응한 통화완화 과정에서 한국은행이 결정하는 정책금리 수준은 사상 처음으로 0%대로 낮아졌다. 원화가 달러화, 유로화, 엔화 등과 같은 기축통화 또는 국제통화 지위를 확보하지 못한 상황에서 미국, 유로존, 일본처럼 제로금리 또는 마이너스 금리 정책에 돌입하기 어렵다면 정책금리를 더 낮출 여지가 많지 않다. 결국, 단기적인 경기 대응에 있어서는 재정정책이 핵심이 될 수밖에 없는 상황이다.

문제는 코로나 경제충격으로 세수는 줄어드는 가운데 재정지출은 급증하면서 정부 재정적자 폭이 커지고 국가부채가 급증하고 있다는 점이다. 2020년 10월에 정부는 2019년 GDP 대비 -1.9%였던 관리재정수지 적자 비율이 2020년 GDP 대비 -6.1%로 급증한 후 2024년까지 계속해서 GDP 대비 -5%대를 유지할 것으로 전망했다. 부족한 돈을 빌리는 과정에서 정부의 빚도 급증해 2019년 37.1%였던 GDP 대비 국가채무 비율이 2024년에는 58.3%까지 높아질 것으로 전망했다.

글로벌 금융위기와 유럽 재정위기를 거치면서 특정 국가가 경제위기 또는 금융위기에 빠지는지 여부를 결정하는 데 있어

'재정 건전성'이 더욱 중요해졌다. 재정 여력이 있어 위기상황에 대응해 정부가 돈을 쓸 수 있었던 국가들은 경제위기에서 빨리 빠져나온 반면, 재정이 부실해 위기상황에서 정부마저 돈을 쓸 수 없었던 국가들은 재정위기 또는 외환위기를 겪었다. GDP 대비 국가채무 비율이 60%를 넘을 정도로 높은 국가들 중 외환위기 또는 외채위기에 빠지지 않은 국가들도 있지만 일본, 미국, 유로존 등 자국통화가 기축통화 또는 국제통화이거나 국가 빚의 대부분을 내국인들로부터 빌린 국가들이다.

특히, 우리나라의 경우에는 장기적으로 '통일 가능성'에도 대비해야 한다는 점에서 재정 건전성 유지가 더욱 중요하다. 독일의 통일 사례를 보더라도 경제가 낙후된 상대와의 통일은 단기적으로 경제와 재정에 커다란 부담이 된다. 우리의 경우 독일보다 그 부담이 더욱 클 가능성이 높다. 독일의 경우 서독 국민 4명이 동독 국민 1명을 감당하면 되었지만, 우리의 경우 남한 국민 2명이 북한 국민 1명을 감당해야 한다. 동독의 1인당 국민소득은 서독의 1/2 정도였지만, 북한의 1인당 국민소득은 남한의 1/25 정도에 불과하다. 2019년 미국의 피터슨 국제경제연구소는 한반도 통일에 연간 1조 달러의 비용이 소요될 것으로 추산했다. 결국, 우리에게 있어 재정 건전성을 유지하는 것은 금융리스크 관리뿐만 아니라 국가적으로도 매우 중요하며 이를 지속적으로 추구해 나가야 한다.

재정지출에 있어 '다음 세대에 과도한 빚을 물려주지 않겠다는 강력한 의지'가 필요하다. 코로나19 대응 과정에서 국가의 빚이 늘어나는 것은 불가피하겠지만 '그 수혜를 입고 생존한 현 세대가 그 빚을 책임지겠다'는 인식이 중요하다. 출산율 저하, 인구 감소, 급격한 고령화 추세만으로도 현 세대에 비해 다음 세대는 세금 부담은 커지고 연금 수혜는 줄어들 가능성이 매우 높다. 여기에 더해 현 세대의 경제적 고통을 완화하는 과정에서 늘어난 빚 부담까지 전가하는 것은 자칫 다음 세대의 경제적 활동 및 출산 의지를 꺾어 우리 경제 상황을 더욱 어렵게 만들 수 있다.

국가부채가 급증하고 연금제도가 부실해지면서 미래에 대한 희망을 잃어버린 그리스, 이탈리아 등 남유럽 국가의 청년들이 대거 해외로 일자리를 찾아 떠났던 현상이 우리나라에서도 벌어질 수 있다. 자신의 아이가 극심한 교육, 취업 경쟁을 겪고 자란 뒤에도 세금과 빚 부담에 허덕이며 살 것이 걱정된다면 출산을 포기하는 젊은 층이 더욱 늘어날 수 있다.

국가 부채가 늘어나는 상황에서 증가 규모가 자의적으로 너무 확대되지 않도록 하는 '강력한 재정준칙' 등 규율이 필요하다. 이주열 한국은행 총재 역시 "한국은 어느 나라보다도 저출산과 고령화가 빨라 연금이나 의료비 등 의무지출이 급증할 것으로 예상되는 만큼 엄격한 준칙이 필요하다."고 강조한 바 있다.

일본은 우리나라 국무회의에 해당하는 내각의 결의로 '2025

년 재정수지 흑자를 목표로 한다'는 식의 '느슨한 재정준칙'을 운용한 결과, GDP 대비 국가채무 비율이 10년 동안 39%p 상승해 2019년 225%로 높아졌다. 반면, 독일은 헌법으로 '매년 재정적자가 GDP의 0.35%를 넘지 못한다'는 식의 '엄격한 재정준칙'을 운용한 결과, GDP 대비 국가채무 비율이 7년 동안 21%p 하락해 2019년 69%로 낮아졌다. 재정준칙의 구속력 및 구체성에 따라 성과가 극명하게 엇갈릴 수 있음을 보여준다. 미국은 '재정지출이 수반되는 정책을 세우거나 법안을 제출할 때 반드시 재원조달 방안을 마련해야 한다'는 '페이고pay-go 원칙'을 2010년 예산집행법에 명문화했다.

지출을 통제하는 것만큼 수입을 늘리는 것도 중요하다. 지하경제 양성화, 소득 탈루 방지 및 탈세 감시 강화 등을 통해 세원을 추가적으로 발굴하고 세수를 확대해야 한다. 추정 기관과 방법에 따라 다르지만, 2018년 IMF는 한국의 지하경제 규모를 GDP의 약 20% 수준으로 추정했다. 거래 내용이 정부와 과세당국에 의해 포착되지 않아 세금 부과가 이루어지고 있지 않은 경제활동이 우리나라 전체 경제활동의 1/5에 달한다는 의미다.

특히, 코로나19와 관련해서 정부의 재정 지원에 힘입어 위기를 넘기고 살아남은 기업이 입은 혜택을 추후 국가가 환수할 수 있는 장치들을 마련하는 것이 필요하다. 지원 금액의 일정 부분을 전환사채*, 신주인수권부 사채** 등의 형태로 제공하도록 하여 향후 기업이 정상화되고 주가와 실적이 회복될 경우 그 성과를 국가도 공유하도록 하는 것 등이 그 방법이 될 수 있다.

효율성을 높이면서 보다 긴 안목으로 재정을 써야 한다

재정적자가 확대되고 국가부채가 늘어나는 것이 부담스러움에도 불구하고 돈을 쓸 수밖에 없는 상황이라면, '같은 돈이더라도 어떻게 쓸 것인가'를 더욱 중시해야 한다. 정부는 최대한 아껴 쓰면서도 효과를 극대화시키는, 즉 '재정지출의 효율성'을 높여야 한다. 이를 위해서는 통화정책과 비교할 때, 실행에 시간이 걸린다는 '재정정책의 단점은 최소화'하면서, 선택한 곳에 직접적으로 자금을 주입할 수 있다는 '재정정책의 장점은 극대화'해야 한다.

통화정책의 경우 한국은행 금융통화위원회에서 정책금리 변경을 결정하기만 하면 바로 예금금리, 대출금리, 채권수익률 등과 같은 시중금리가 달라지면서 경제에 영향을 미치게 된다. 반면 재정정책의 경우 정부가 지출계획을 세우고 국회의 동의를

• 전환사채(convertible bond): 사채로서 발행되었지만 일정 기간이 경과한 뒤 소유자의 청구에 의해 주식으로 전환할 수 있는 사채
•• 신주인수권부 사채(bond with warrant): 발행회사의 주식을 매입할 수 있는 권리가 부여된 사채

얻고 실제로 지출이 집행되어 돈이 풀리는 데 수개월의 시간이 걸린다. 코로나 추이에 따라 경기 상황이 급변하고 이에 신속하게 대응하는 것이 중요한 상황이 이어지고 있다. 결국, '재정정책 실행에 걸리는 시간을 얼마나 단축하여 적기에 돈이 풀리도록 하는가'에 따라 그 효과가 크게 달라질 가능성이 높다. 즉 동일한 규모의 재정지출이더라도 신속하게 쓸 수 있다면 그 효과는 커질 전망이다.

한편, 통화정책은 경제 전반에 무차별적으로 영향을 미친다. 가령, 한국은행이 정책금리를 올리면서 서울의 금리만 인상하고 나머지 지역의 금리를 동결할 수는 없다. 반도체 기업의 대출금리만 인상하고 자동차 기업의 대출금리를 동결할 수도 없다. 반면 재정정책은 정부의 판단과 목표에 따라 특정 분야, 산업, 계층에 대한 '선별적' 또는 '집중적'인 재정지출 또는 세금부과가 가능하다. 가령, 일정 소득 수준 이하의 사람들에게는 돈을 지급하고, 일정 소득 수준 이상의 사람들에게는 세금을 부과하는 것이 가능하다. 대상자의 연령, 직업, 주거 상황 등에 따라 차등 지원하는 것도 가능하다. 즉 대상을 잘 타깃팅하고 효과적으로 집행한다면 마치 '정밀 유도탄'과 같은 역할을 수행할 수 있다. 대면접촉 서비스업 등 특정 업종, 특정 기업, 특정 직군이 상대적으로 크게 타격을 받는 코로나 경제위기 상황에서 재정정책이 강조되고 있는 이유다.

단기적인 경기 대응에 있어서 재정이 중요해지고 있지만, 그럴수록 '장기적인 안목'에서 재정정책을 시행해야 한다. 이번 고비만 넘기면, 올해만 지나면 상황이 호전될 것이라는 낙관적 기대 하에 재정을 쓰는 것을 경계해야 한다. 2020년 코로나19로 인한 추경이 처음 추진될 때에는 추경을 4차례나 하게 될 것이라고, 재난지원금을 처음 지급할 때에는 재난지원금을 또 다시 지급하게 될 것이라고 예상하지 못했을 것이다. 앞으로도 코로나19의 추이에 따라 추경이 반복될 수 있음을, 재난지원금과 유사한 형태의 재정지원이 반복될 수 있음을 감안하고 장기적인 시계에서 재정을 써야 한다.

당장 일정 수준의 경제성장률을 유지하거나 일정 수준의 취업자 증가 수를 달성하기 위해 많은 재정을 지출하는 것은 비효율적일 가능성이 높다. 경기가 어렵고 고용시장이 위축된 상황에서 초기에는 적은 돈만으로도 경제성장률 제고 및 일자리 창출 효과가 크게 나타나지만 시간이 지날수록 동일한 효과를 내기 위해서는 더 많은 돈을 써야 하기 때문이다.

재정지출의 구성에 있어서 단기적인 경기 대응 성격의 지출 비중보다 '장기적인 미래 준비' 성격의 지출 비중을 늘리기 위해 노력해야 한다. 코로나 위기로 인한 단기적인 경제성장률 하락을 지지하는 데에 너무 많은 돈을 쓰기보다 '경제의 장기적인 성장 잠재력을 확충'하는 데에 더 많은 돈을 쓰는 것이 필요하다.

코로나19로 인한 경제충격이 불가피한 상황에서 우리나라가 그나마 선방하고 있는 편임을 감안해야 한다. 코로나19 경제충격으로 인해 2020년에는 우리나라도 마이너스 경제성장률을 기록하겠지만 여타 주요국들과 비교하면 상대적으로 경제성장률 하락 폭은 적은 편이다. IMF의 2019년 10월에 이루어진 경제전망과 1년 뒤인 2020년 10월에 이루어진 경제전망을 비교해보면, 코로나19 경제충격으로 인해 2020년 국가별 경제성장률 전망치는 대폭 하향 조정되었다. 미국은 2.1%에서 −4.3%로 6.4%p, 유로존은 1.4%에서 −8.3%로 9.7%p, 일본은 0.5%에서 −5.3%로 5.8%p 낮아졌지만 우리나라는 2.2%에서 −1.9%로 4.1%p 낮아지는 데 그쳤다.

상대적으로 선전했음에도 불구하고 경제 역성장으로 인한 고통은 분명 매우 크다. 그러나 이러한 고통을 줄이기 위한 부분에 재정지출 역량이 지나치게 집중되어 성장 잠재력 확충이 미루어질 경우, 자칫 코로나19 이후 본격적으로 경기가 반등해야 할 시기에 경기 회복세가 강하지 못할 수 있고 장기적으로 잠재성장률 하락 추세가 더욱 가팔라질 수 있다.

이와 함께 전체 정부 재정지출 중 '경직적 성격의 지출' 비중이 너무 높아지지 않도록 노력해야 한다. 공적연금, 건강보험, 지방교부세 등 법적인 지급 의무가 있어 정부가 마음대로 줄일 수 없는 '의무지출'의 비중은 2020년 기준 전체 재정지출의

49%에 달한다. 정부의 장기재정전망에 의하면, 2060년에는 전체 재정지출 중 의무지출의 비중은 70% 중후반까지 높아질 전망이다. 더군다나 여기에는 증가하는 공무원에 대해 지급하는 인건비 등 '경직성 재량지출'은 포함되지 않았다.

정부가 쓸 수 있는 돈 중 이미 용처가 정해져 있어 반드시 나가야 하는 돈의 비중이 너무 높아지게 되면 경기 상황 등에 대응하여 정부가 쓰임새를 조절할 수 있는 '실질적 재량지출'의 비중은 점점 낮아지게 된다. 경기가 안 좋을 때 전체 예산 내에서 돌려 쓸 수 있는 돈도 얼마 안 되게 되고, 반대로 경기가 좋아져서 재정지출을 줄이려 할 때 줄일 수 있는 재정지출도 얼마 안 되게 된다. 즉 경기 상황에 따라 정부가 재정지출을 늘리거나 줄이는 '재정의 경기 대응능력'이 위축될 수 있다.

향후 통화정책은 재정정책과 '더욱 긴밀하게 결합'되어야 한다

중앙은행인 한국은행은 '통화정책 무기력증'에 빠지는 것을 경계해야 할 것으로 보인다. 여기서 정책 무기력증이라 함은 '이제는 더 쓸 방법도, 여력도 없다고 느끼고 실제로 그렇게 행동하는 것'을 의미한다.

조짐은 이미 나타나고 있다. 통화정책을 맡고 있는 한국은행에서 통화정책이 아니라 재정정책, 구조개혁 등 다른 정책들의 중요성을 강조하는 경우가 늘고 있다. 엄밀히 말하면 틀린 이야기도 아니고, 한국은행만 이런 목소리를 내는 것도 아니다. 통화정책의 효과가 예전에 비해 약해졌다는 것에 대해서는 대부분의 경제 전문가들도 동의한다. 그렇다 보니 미국, 유로존, 일본 등 주요국 중앙은행들뿐만 아니라 IMF, 국제결제은행BIS 등 국제기구들도 수년 전부터 재정정책의 역할을 강조하고 있다. 우리나라의 경우, 정책금리 수준이 0%에 가까워지면서, 제로금리 또는 마이너스금리 정책에 돌입하지 않는다면 금리를 더 낮출 여지도 줄어들었다. 제로나 마이너스까지 금리를 떨어뜨린 국가들은 미국, 유로존, 일본 등 자국 통화가 기축통화나 국제통화인 국가들이다.

그럼에도 불구하고 통화정책, 그리고 한국은행의 역할은 여전히 매우 중요하다. 돈을 푼다고 코로나19가 사라지는 것은 아니지만, 코로나19 충격으로 기업의 매출과 가계의 소득이 급감하거나 끊긴 상황에서 이들을 버틸 수 있게 해주는 것은 결국 '돈'이기 때문이다. 2020년에 우리나라를 포함한 세계 경제가 커다란 어려움을 겪고 마이너스 역성장을 기록했지만, 대규모 기업 연쇄 도산 사태가 발생하지 않고 실물경제충격이 금융위기로 전이되지 않은 데에 금리 인하와 유동성 공급과 같은 대규모 '돈 풀기'가 크게 영향을 미친 것은 분명하다. 2020년 봄 코로나19 발생 초기에 국제 금융시장에서 금 가격마저 떨어질 정도로 현금 확보 경쟁이 벌어지고 우리나라 원화를 포함한 많은 국가들의 통화가치가 급락할 때에 이를 진정시킨 것도 미 연준의 다른 나라 중앙은행들에 대한 통화 스왑, 즉 달러화 공급이었다.

　향후 통화정책은 재정정책과 긴밀하게 결합되어야 할 것이다. 우선, '재정 확대의 부작용 방지' 측면에서 통화정책과 재정정책의 공조가 중요하다. 앞서 그 역할과 중요성을 강조했던 재정정책의 시행에 있어서 정부는 경기 부진으로 세수가 줄고 있는 가운데 많은 돈을 써야 하다 보니 부족한 돈은 빌릴 수밖에 없다. 정부가 적자 국채를 발행하고 팔아 돈을 빌리려면 누군가는 그 국채들을 사주어야 한다. 만약 채권을 사려는 수요에 비해 정부의 국채 공급이 과도하면 문제가 발생한다. 정부는 잘 팔리지 않는 국채를 싸게 팔아야 하고 보다 높은 금리로 채권을 발행해야 한다. 즉 정부가 돈을 빌리는 금리가 높아져 재정 부담이 늘어난다.

　정부가 높은 금리를 감수하고서라도 돈을 빌리면 문제는 민간에서 나타난다. 정부가 높은 금리를 제시하고 많은 돈을 빌리는 상황에서 정부보다 신용도가 낮은 민간의 기업이나 금융기관들은 더 높은 금리를 제시해야 자금시장에서 돈을 빌릴 수 있게 된다. 즉 정부가 재정지출을 늘리고 중앙은행이 정책금리를 인하할 정도로 경기가 좋지 않은 상황에서 가계의 대출금리와 기업의 자금조달 금리는 도리어 오르게 되는 것이다. 심지어는 기업이나 금융기관이 필요한 만큼 채권시장에서 돈을 빌리지 못해 자금난에 처하는 상황도 발생할 수 있다. 돈을 빌리려는 정부의 채권 발행이 채권시장에서 민간 경제 주체들의 채권을 몰아내는 '구축효과'가 현실화되는 것이다.

결국, 정부의 대규모 적자 국채 발행으로 인한 국채금리 상승, 이로 인한 시중금리 상승, 민간 부문의 자금난 발생을 막기 위해서는 중앙은행의 협조가 필수적이다. 중앙은행이 금융기관들에 자금을 추가로 공급하여 자금이 풍부해진 금융기관들이 정부 국채 매입을 늘리거나, 중앙은행이 직접적으로 정부 국채를 매입하는 방식이 가능하다.

2020년 4차례의 추경을 실시하게 되면서 우리 정부의 적자 국채 발행액이 100조 원을 넘어설 것으로 예상되자 그 영향을 우려한 채권시장에서 채권금리가 오르는 모습이 실제로 나타났다. 이에 대응하여 한국은행에서는 9월까지 6조 원의 국채를 매입한 데 이어 2020년 연말까지 5조 원의 국채를 추가 매입하겠다고 발표했다. 적자 국채 발행에 대한 민간 경제 주체들의 불안감을 완화시키기 위해서는 정부의 재정정책과 중앙은행의 통화정책 간의 공조가 시중금리가 오르고 나서 사후적으로 이루어지는 것보다 시중금리가 오르기 전에 선제적으로 이루어지는 것이 바람직하다. 채권시장에서 시중금리가 급등해야만 중앙은행이 조치에 나선다면 채권시장의 불안과 이로 인한 금리 상승이 반복될 가능성이 높기 때문이다.

코로나 경제위기에 대응한 '통화 완화의 효과를 높이는 측면'에서도 통화정책과 재정정책의 결합이 효과적이다. 경제위기 상황에서는 중앙은행이 정책금리를 낮추더라도 갑자기 상황이 어려워진 기업과 자영업자들에게 돈이 잘 흘러가지 않는다. 시중에 돈이 풀리는 채널에 해당하는 금융기관들이 대출 부실화 리스크가 높아진 이들에게 돈을 빌려주려 하지 않기 때문이다. 즉 중앙은행의 주된 정책 수단이 금리 조절임에도 불구하고 실제로 돈을 빌리고 못 빌리는 것이 금리의 문제가 아닐 가능성이 높아지는 것이다.

또한, 중앙은행의 정책금리 조절은 누구의 금리는 높이고 누구의 금리는 낮추는 것이 불가능한 '무차별적' 정책이다. 이런 면에서는 양적 완화와 같은 돈 풀기 정책도 마찬가지 문제를 갖는다. 글로벌 금융위기 이후 선진국 중앙은행들이 통화완화 방법으로서 시행한 양적완화를 '헬리콥터에서 돈 뿌리기'에 비유했던 것도 이 때문이다. 공중에 떠 있는 헬리콥터에서 돈을 뿌리면 돈은 살포되지만 그 돈을 누가 주워가는가까지는 통제하지 못한다.

이럴 때에는 '필요한 곳에 돈을 직접적으로 주입하는 것'이 빠르고 효과적이다. 특히 정부는 돈을 받을 대상을 선별해 지원금이나 보조금 등을 정해진 만큼 직접 전달해주는 '차별적 정책 시행'이 가능하다. 우리나라에서 코로나 이후 시행된 재난지원금, 고용안정지원금 등이 이에 해당한다. 이런 측면에서 통화정책과 재정정책이 보다 긴밀하게 결합되면 더욱 효과적일 수 있다.

이를 위해서는 중앙은행의 통화정책 수단과 방법들이 보다 다양해져야 한다. 이미 선진국 중앙은행들은 코로나19라는 경험해보지 못한 경제위기에 대응하여 '비전통적인 방법'들을 과감하게 적용하고 있다.

2020년 봄 코로나19 초기에 미 연준이 미 재무부와 공동으로 시행한 2조 3,000억 달러 규모의 유동성 지원이 그 좋은 사례가 될 수 있다. 투기등급 기업들을 중심으로 급격히 확산되던 자금경색을 해소하기 위해서는 대규모 자금지원이 필요했지만 미 연준과 미 재무부는 각각 제도적 및 현실적인 제약에 직면해 있었다. 미 연준은 법률상 매우 안전한 대상에만 돈을 투자하거나 빌려줄 수 있었고, 특히 특정 기업에 돈을 빌려주는 것은 허용되지 않았다. 미 재무부는 재정지원을 할 경우 국회의 동의를 얻어야 해서 대규모 자금지원을 하기에 재원이 충분치 않았다.

이때 찾아낸 방법이 미 재무부가 출자하고 미 연준이 대출을 해주는 일종의 펀드에 해당하는 기구facility를 만들고 이를 통해 자금을 지원하는 것이었다. 즉 지원한 자금이 부실화되더라도 출자한 미 재무부가 책임을 지는 안전장치를 만듦으로써, 그리고 특정 기업에 직접 돈을 빌려주는 것이 아니라 펀드를 통해 간접적으로 돈을 빌려줌으로써 미 연준은 자금을 지원할 수 있었다. 또한, 전체 자금지원액의 20% 정도만 출자하고 나머지는 미 연준으로부터 빌리는 형태를 취함으로써 미 재무부는 재정 투입액에 비해 자금지원 규모를 크게 늘릴 수 있었다.

그 결과, 일부 투기등급 회사채, 투기등급 기업의 대출채권을 묶어서 만든 대출채권담보부증권^{CLO}, 오토론 · 카드론 · 학자금 대출 등을 자산으로 발행된 자산유동화증권까지 지원대상 범위를 광범위하게 넓힐 수 있었다. 중앙은행과 정부의 공조 하에 이렇듯 적극적이고 과감한 조치가 나오자 이후 미국 자금시장 불안은 빠르게 진정되었다.

한국은행도 정부와의 공조를 통해 필요한 부분에 집중적으로 자금을 공급할 수 있는 '보다 새롭고 다양한 통화정책 수단'에 대해 계속 고민해야 한다. 이를 위해서는 기준금리 조절, 금융기관들과의 채권 거래, 특정 용도의 저리대출에 해당하는 금융중개지원대출 등 그동안 시행해온 전통적인 방식이 아니더라도 필요하다면 새로운 방식을 활용할 수 있다는 더욱 적극적인 자세가 필요하다.

향후 한국은행의 정책금리 조정에 있어서도 변화된 우리 경제 상황을 감안한 새로운 접근이 필요해 보인다. 그동안 한국은행 기준금리 조정의 최소 단위는 '0.25%p'였다. 이 금리 조정 폭은 '베이비스텝^{baby step}'이라고도 불린다. 1987년부터 2006년까지 미 연준 의장이었던 앨런 그린스펀이 '아기가 걷는 보폭처럼 아주 작은 금리 조정 폭'이라는 의미로 사용했기 때문이다. 그러나 우리 정책금리 수준이 0%에 가까워진 상황에서 0.25%p의 금리 조정 폭은 이제 너무 커 보인다. 가령, 0.5% 정책금리 수준에서 한 번만 금리를 인하해도 정책금리가 0.25%가 되어버리니 금리 인하가 너무 부담스러워지는 것이다.

반면, 유로존과 일본은 정책금리 수준이 0%에 근접하면서 정책금리를 조정할 때 0.1%p씩 하고 있다. 우리의 경제성장률, 물가 상승률, 금리 수준 등을 감안할 때, 이미 우리의 통화정책 환경은 유로존과 일본에 가깝다. 정책금리 조정 폭을 축소한다면 정책금리 인상 또는 인하의 부담을 줄이고 통화정책의 유연성을 확대할 수 있을 것이다.

우리는 답을 찾을 것이다, 늘 그랬듯이

책을 쓰기 시작할 때의 목표는 경제에 익숙하지 않은 이들도 부담 없이 읽으며 이야기를 따라올 수 있는 '읽기 쉬운 책'을 쓰는 것이었다. 그래서 경제 관련 서적에서 흔히 볼 수 있는 표와 그래프의 사용을 최소화하고자 했다. 경제를 어렵게 느껴지도록 만드는 경제용어들은 최대한 풀어 쓰려고 했고, 가능한 한 비유를 많이 활용하고자 노력했다. 그럼에도 불구하고 여전히 이 책이 어렵게 느껴진다면 이는 전적으로 필자의 능력 부족이다.

어둡고 딱딱한 이야기였지만, 여기까지 참고 읽으며 따라온 독자라면 이상하다고 생각할 수 있는 부분이 있다. 우리 경제의 활로에 대해 이야기하고, 특히 정부 정책에 대해서도 이야기했는데, 매우 중요해 보이는 '산업정책'에 관해 자세히 다루지 않았기 때문이다.

사실 이는 의도된 구성이다. 많은 이들이 동의하지 못하지만, 그리고 실제로 금융시장에서는 그렇게 대접받지 못하고 있지만, 우리 경제는 이미 상당 부분 선진국에 근접했다. 과거 우리가 그렇게 발전했고, 현재 중국, 베트남 등 신흥국들이 따라 하고 있는 '경제개발 5개년 계획'과 같은 '국가 주도의 산업정책'으로 한계 상황을 맞고 있는 우리 산업 구조를 재편하기는 어려워 보인다.

도리어 수많은 투자 주체들의 생각이 집약된 자본시장과 생존을 위해 스스로 치열하게 고민하는 기업들의 자체적인 판단에 따라 돈과 사람의 흐름이 결정되는 것이 더 빠르고 효율적인 시기로 접어들고 있다. 이 경우 정부는 경제 주체들이 자율적으로 열심히 노력하고 그 성과를 공정하게 누릴 수 있도록 규칙을 잘 세우고 불합리한 걸림돌을 없애주는 것이 더 효과적일 수 있다.

오래된 선진 경제임에도 가장 역동적인 금융시장과 가장 경쟁력 있는 미래기업들을 보유한 미국 경제가 좋은 사례다. 그러나 경제규모, 기축통화 보유 여부 등 우리와 여건이 전혀 다른 미국을 마냥 따라 하는 것도 최선의 방법은 아니다. 결국, 우리는 '아직 가보지 않은 우리만의 길'을 스스로 찾아서 가야 한다.

지금까지 이야기한 우리 경제의 미래에 대한 필자의 우려와 경고가 부디 실현되지 않고 '기우'로 끝나기를 간절히 바란다. 이것은 경제를 분석하는 이코노미스트로서뿐만 아니라, 이 땅에서 살아갈 '3명의 아이를 둔 아빠'로서의 소망이다. '선진국들의 뒤를 따라서 올라갈 사다리'가 이제는 마땅치 않고, '아직까지 어떤 신흥국도 경험해보지 못한 제로 이코노미' 상황으로 다가가고 있지만, 우리 국민들은 두려움을 극복하고 많은 난관들을 피해가며 결국 새로운 활로를 찾아낼 것이라 믿는다. 그것이 '다음 세대'를 위한 '현재 세대'의 의무이고, 우리 역사는 그러한 과정의 반복이었다.

책을 마무리하며 감사드릴 분들이 너무도 많다. 책을 출간할 수 있도록 배려해주신 LG경제연구원의 김영민 원장님, 원고 전반에 대한 귀한 조언을 주신 박래정 님, 이근태 님, 수많은 인사이트의 원천인 동료, 선후배 연구원들께 감사드린다. 촉박한 일정에도 무사히 책을 마무리할 수 있도록 여러모로 도와주신 쌤앤파커스의 박시형 고문님, 망설이던 저자를 설득하여 책을 쓸 용기를 주신 포르체의 박영미 대표님께 감사드린다. 친구이자 비평가로서 조악했던 첫 번째 원고부터 참고 읽으며 좋은 의견을 준 김성현, 조중현, 정해종에게 고마움을 전한다. 항상 성원해주시는 정홍주 님, 박기수 님, 권기혁 님, 전성훈, 이관호, 윤덕현에게도 고마움을 전한다. 그래도 역시 가장 고마운 이들은 가족들이다. 믿고 지켜봐주신 부모님들, 형제들, 그리고 책 쓰기에 매달려 있던 남편과 아빠의 부재를 참아준 집사람, 민서, 성빈, 성재에게 사랑한다고 전한다.

조영무

저자소개

조영무

LG경제연구원 경제 연구 부문 연구위원

연세대학교에서 경제학을 전공하고, 경영학 석사학위를 받았다. 미국 콜로라도 대학교에서 경제학 석사학위와 박사학위를 받았고, 콜로라도 대학교에서 거시경제학, 미시경제학, 통계학을 가르치기도 했다. 지난 20년 동안 LG경제연구원 연구위원으로 국내외 거시경제와 금융시장을 분석해왔다.

냉철한 분석과 전망을 바탕으로 하면서도 복잡하고 딱딱한 경제용어와 현상을 한 번에 알아듣도록 설명해주어 방송계, 강연계의 인기 섭외 대상인 경제 전문가다. MBC 라디오 '손에 잡히는 경제'에 2년간 고정출연했고, KBS, MBC, SBS, YTN 등 주요 방송사의 뉴스, 대담, 토론에서 자주 볼 수 있다. 경제 관련 인기 유튜브인 '삼프로TV – 경제의 신과 함께'에도 종종 나온다. 기획재정부, 금융위원회, 국토교통부, 외교부 등 여러 정부 부처의 자문위원으로 활동했고, 금융감독원 특별초빙연구위원을 역임했다. LG그룹 연수원(인화원), 금융감독원 인재개발원 등에서 '우수강사' 상을 수상하기도 했다. 공저로《2021 한국경제 대전망》,《2020 경제 대예측》,《빅뱅 퓨처》외 다수가 있다.

제로 이코노미

2020년 12월 16일 초판 1쇄 | 2020년 12월 22일 4쇄 발행

지은이 조영무
펴낸이 김상현, 최세현 **경영고문** 박시형

책임편집 최세현 **디자인** 최우영
마케팅 양근모, 권금숙, 양봉호, 임지윤, 조히라, 유미정, 전성택
디지털콘텐츠 김명래 **경영지원** 김현우, 문경국
해외기획 우정민, 배혜림 **국내기획** 박현조
펴낸곳 (주)쌤앤파커스 **출판신고** 2006년 9월 25일 제406-2006-000210호
주소 서울시 마포구 월드컵북로 396 누리꿈스퀘어 비즈니스타워 18층
전화 02-6712-9800 **팩스** 02-6712-9810 **이메일** info@smpk.kr

ⓒ 조영무 (저작권자와 맺은 특약에 따라 검인을 생략합니다)
ISBN 979-11-6534-278-4 (03320)

쌤앤파커스(Sam&Parkers)는 독자 여러분의 책에 관한 아이디어와 원고 투고를 설레는 마음으로 기다리고
있습니다. 책으로 엮기를 원하는 아이디어가 있으신 분은 이메일 book@smpk.kr로 간단한 개요와 취지,
연락처 등을 보내주세요. 머뭇거리지 말고 문을 두드리세요. 길이 열립니다.